지구에 대한 의무 II

지구에 대한 의무 II

발행일 ; 제1판 제1쇄 2022년 3월 7일
지은이 ; The Guardian 옮긴이 ; 전리오, 최민우 발행인·편집인 ; 이연대
CCO ; 신기주 프린트 디렉터 ; 전찬우 에디터 ; 전찬우, 김현성, 소희준
디자인 ; 권순문 지원 ; 유지혜 고문 ; 손현우
펴낸곳 ; ㈜스리체어스_서울시 중구 한강대로 416 13층
전화 ; 02 396 6266 팩스 ; 070 8627 6266
이메일 ; hello@bookjournalism.com
홈페이지 ; www.bookjournalism.com
출판등록 ; 2014년 6월 25일 제300 2014 81호
ISBN ; 979 11 91652 50 5 03300

이 책은 영국 《가디언》이 발행한 〈The Long Read〉를 번역 및 재구성했습니다. 북저널리즘은 영국 《가디언》과 파트너십을 맺고 〈The Long Read〉를 소개합니다. 〈The Long Read〉는 기사 한 편이 단편소설 분량이라 깊이 있는 정보 습득이 가능하고, 내러티브가 풍성해 읽는 재미가 있습니다. 정치, 경제부터 패션, 테크까지 세계적인 필진들의 고유한 관점과 통찰을 전달합니다.

BOOK
JOURNALISM

지구에 대한 의무 II

The Guardian

: 기후 위기의 역사를 쓰는 동안 가장 힘든 점은 1950년대부터 나왔던 경고들과 마주하는 일이다. 만약 아무도 제때 조치를 취하지 않으면 2000년 이후엔 상황이 정말로 나빠진다고 그것들은 분명하게 말하고 있었다. 기후 변화는 마땅히 받아야 할 관심을 얻지 못하고 있었으며, 긴급히 토론해야 할 대상도 아니었다. 대규모의 대중적 항의도 없었고, 그런 걸 시도하려는 사람도 없는 듯 보였다.

차례

저자 올리버 발치(Oliver Balch)는 기업의 사회적 역할을 전문으로 다루는 프리랜서 작가다.

역자 전리오는 서울대학교에서 원자핵공학을 전공했다. 대학 시절 총연극회 활동을 하며 글쓰기를 시작해 장편 소설과 단행본을 출간했다. 음악, 환경, 국제 이슈에 많은 관심이 있으며 현재 소설을 쓰면서 번역을 한다.

하얀 석유의 저주

이동 수단의 전기화

새로운 광산에 관한 이야기가 마을 사람들 입에 본격적으로 오르내리기도 전에, 44세의 축산업자 주앙 카소테João Cassote는 이미 변화를 구상하고 있었다. 포르투갈 북쪽의 산악 지형에서 오직 땅에만 의지해서 산다는 건 그로서도 힘든 일이었다. 어릴 적부터 친했던 친구들 사이에서 일자리를 찾아 해외로 나가지 않은 것은 그가 유일했다. 그래서 2017년에 영국의 한 기업이 트라소스몽테스Trás-os-Montes 지역에서 리튬을 탐사하고 있다는 이야기를 들었을 때, 카소테는 평소 거래하던 은행에서 20만 유로를 빌렸다. 그는 그 돈으로 존 디어John Deere 사 트랙터와 굴삭기, 이동식 저수탱크를 구매했다.

영국에 본사를 둔 광업 회사인 사바나 리소스Savannah Resources가 파견한 탐사 팀은 카소테의 농장에서부터 뻗어 나오는 언덕을 측량하고 또 지질도를 들여다보면서 몇 개월의 시간을 보냈다. 초기 계산 결과에 따르면 이곳에 매장된 은백색의 알칼리 금속 '리튬'은 28만 톤 이상으로, 10년 동안 생산하기에 충분한 양이었다. 카소테는 사바나의 현지 사무소에 연락해 시추 테스트 현장의 물 공급 계약을 맺었다. 그는 투자한 돈으로 금세 수익을 올렸다. 회사 회계 장부에 이름이 오른 지 12개월도 채 되지 않았을 때, 그는 지금껏 농장에서 벌던 수익의 5~6년 치에 맞먹는 돈을 벌었다.

사바나는 포르투갈 중북부의 풍부한 리튬 매장량을 주
시하는 수많은 광업 회사 중 하나일 뿐이었다. '페트롤리우 브
랑쿠(petróleo branco·하얀 석유)'를 둘러싸고 이렇게 갑작스러
울 정도의 들뜬 분위기가 조성된 것은 이 지역에서는 거의 찾
아볼 수 없는 전기차라는 발명품 덕분이었다. 리튬은 전기차
를 움직이는 충전식 배터리의 핵심 활성 물질active material이다.
주로 암석이나 점토층에서 고형 광물의 형태로, 그리고 소금
물에서 용해된 상태로 발견된다. 배터리 제조업체들 사이에서
리튬의 인기가 높은 이유는 금속 중에서 밀도가 가장 낮고 무
게 대비 상당히 많은 양의 에너지를 저장할 수 있기 때문이다.
　　이동 수단의 전기화는 저탄소 미래로 가는 여정에서 최
우선 과제로 꼽힌다. 유럽에서 배출되는 자동차 배기가스는
대륙 전체 탄소 배출량의 약 12퍼센트를 차지한다. 파리 기후
협약을 준수하려면, 승용차와 승합차의 배기가스를 2030년
까지 현재의 3분의 1 이상(37.5퍼센트) 줄여야 한다. 유럽 연
합EU은 같은 기간까지 온실가스 전체 배출량의 55퍼센트를
줄이겠다는 야심 찬 계획도 세우고 있다. 이러한 목표를 위해
서 EU 본부 소재지인 벨기에를 비롯한 개별 회원국들은 차량
소유주들의 전기차 구매를 장려하기 위해 수백만 유로를 쏟
아붓고 있다. 일부 국가들은 더 나아가 디젤 차량과 휘발유 차
량의 판매를 금지하는 방안까지 계획하고 있으며, 실제로 노

르웨이는 빠르면 2025년부터 시행할 예정이다. 모든 것이 계획대로 된다면, 현재 200만 대가량인 전기차 등록 대수가 2030년에는 4000만 대로 뛰어오를 것이다.

이러한 에너지 전환의 핵심이 바로 리튬이다. 스마트폰과 노트북에도 쓰이는 리튬-이온 배터리는 전기차에 동력을 제공하는 것은 물론, 전력망 규모의 전기를 저장하는 데에도 사용된다. 그런데 유럽은 한 가지 문제를 안고 있다. 배터리에 들어가는 리튬의 거의 1그램까지 모두 수입에 의존한다는 것이다. 지난해 전 세계 리튬 생산량의 절반 이상(55퍼센트)이 오직 한 국가, 오스트레일리아에서 생산됐다. 다른 주요 공급원으로 칠레(23퍼센트), 중국(10퍼센트), 아르헨티나(8퍼센트)가 있지만 오스트레일리아의 생산량에는 한참 못 미친다.

오스트리아, 세르비아, 핀란드에서도 리튬 매장지가 발견되기는 하지만 유럽 최대의 리튬 매장지가 될 가능성이 큰 곳은 포르투갈이다. 포르투갈 정부는 자국의 '하얀 석유'를 개발하고 싶어 하는 해외 기업들에 리튬 채굴 면허를 발급하고 있다. 유럽 영토 내에 리튬 공급처를 확보하게 되면 대륙으로의 물류 이동이 단순해지고 가격이 낮아질 뿐만 아니라, 운송 과정에서의 온실가스 배출량도 줄일 수 있다. 코로나19 팬데믹으로 전 세계 무역이 붕괴한 현재 상황에서 더욱 중요해진 안정적 공급원도 확보할 수 있다.

판데믹 이전에도 리튬 공급에 대한 경각심은 높아지고 있었다. 미국 로드아일랜드 프로비던스대학 정치 경제학자인 테아 리오프랑코스Thea Riofrancos 박사는 확산 중인 보호 무역주의 경향과 최근의 미·중 무역 충돌을 원인으로 지적했다(당시는 중국과 호주 사이의 무역 분쟁이 있기 전이다). 판데믹 이전에 EU 정책 입안자들이 우려했던 게 무엇이었든 "이제는 리튬의 안정적인 공급원 확보에 대한 필요성이 수백만 배는 높아졌을 것"이라고 그녀는 말한다.

리튬 공급이 시급한 과제가 되면서 채굴 붐이 촉발했고 하얀 석유에 대한 경쟁은 점점 더 치열해졌다. 동시에 리튬이 발견되는 곳이라면 어디든 환경 파괴의 위험에 처하게 됐다. 하지만 리튬이 온실가스 배출량 감축에 도움이 된다고 판단하는 EU의 환경 정책은 리튬 비즈니스 확산에 아주 좋은 조건이 되어 주고 있다.

"이러한 모든 것의 이면에는 여전히 근본적인 문제가 도사리고 있습니다. 리튬에 기반을 둔 현재의 소비와 생산 모델이 실제로는 전혀 지속 가능하지 않기 때문입니다." 리오프랑코스의 말이다. "모든 사람이 전기차를 소유하려면 어마어마한 양의 자원을 채굴하고 정제해야 합니다. 게다가 그로 인해 또 다른 온갖 오염 문제가 발생할 것입니다."

트라소스몽테스의 작은 마을인 무로Muro에 사는 카소

테도 나름의 걱정거리를 갖고 있다. 올 초 탐사 단계가 마무리되면서, 그가 새로 산 값비싼 기계 장비들이 농장에서 놀고 있기 때문이다. 사바나는 현재 포르투갈 정부로부터 리튬 광산 사업에 대한 최종 승인을 기다리고 있다. 사바나는 이 사업에 1억 900만 달러, 우리 돈 1313억 원을 투자하겠다고 약속했다. 그렇게 되면 산허리에는 깊게 파인 상처처럼 생긴 채석장이 들어설 것이다. 카소테는 그것을 신경 쓰지 않는다. 그는 단지 자신의 굴착기를 다시 작동시키기만을 원할 뿐이다.

제한적인 파괴의 대가

모든 이들이 카소테처럼 리튬 채굴을 갈망하는 것은 아니다. 50세의 전문 댄서 마리우 이나시우Mario Inacio는 네덜란드 암스테르담에서 30년을 살다가 고국인 포르투갈의 깊숙한 시골 마을에 요가 휴양 시설을 지을 요량으로 귀국했다. 그는 손님들이 아침에 새들의 노래를 들으면서 깨어날 수 있도록 외딴 전원 마을을 구상했다.

이나시우와 그의 파트너인 밀쿠 프린세Milko Prinsze는 포르투갈 중부 지역에서 최적의 장소를 찾았다. 잡초가 우거진 황무지에 버려진 47에이커, 5만 8000평 넓이의 농지였다. 본채 건물은 상당한 개보수가 필요해 보였지만, 그 외의 나머지는 상상했던 모습 그대로였다. 차를 몰아 구불구불하고 울퉁

불퉁한 진입로로 처음 들어가면서 이나시우는 앞으로 만들어 낼 변화를 떠올렸다. 본채를 양옆으로 확장하고 별채를 거처로 개조하며, 암반을 깎아 내서 천연 수영장을 만든다는 계획이었다. 동네 전체가 내려다보이고 뒤쪽으로는 멀찌감치 떨어진 언덕도 시야에 들어오는 야트막한 오르막엔 요가 스튜디오를 만들어야겠다고 생각했다.

이 두 사람이 처음 이곳을 주목한 지 6년이 흐른 뒤, 요가 휴양 시설 '퀸타 다 루아 노바Quinta Da Lua Nova'는 본격적으로 손님 맞을 준비가 되어 있었다. 판데믹으로 외국인 손님 수가 줄어 아홉 개의 객실을 채우는 데 어려움을 겪기는 했지만, 정작 평생 모은 돈을 투자한 이 사업의 골칫거리는 판데믹이 아니었다. 프린세는 새집 1층에 있는 커다란 창 한쪽으로 가더니, 풀이 무성히 자라나 있는 밖을 가리켜 보였다. "이쪽에 보이는 지역은 어디든 조만간 리튬을 캐내기 위해서 파헤쳐질 수 있습니다. 저기 보이는 모든 곳에 언제든 탐사 명령이 내려질 수 있어요."

지난 몇 년 동안 정부의 리튬 채굴 계획을 우려하며 불안감을 느낀 사람들은 무리를 지어 포르투갈 전역에 집결했다. 사실 관계를 확인할 수 있는 공식적인 정보가 거의 없었던 터라, 이들은 각 지방 정부의 담당 부서와 시청 등에 질의를 하기 시작했다. 이나시우도 문의했지만 그의 요청 내용이 "담당자에게 전달될 것"이라는 말만 들었을 뿐 더 이상의 대답은 듣지 못했다.

같은 시기에 포르투갈 소재의 루소레쿠르소스Lusorecursos 그리고 사바나 같은 기업들이 주도하는 초기 단계의 탐사 작업이 나라 전역에서 목격되고 있다는 이야기가 들려왔다. 이러한 움직임에 반대하는 누군가는 포르투갈 환경부가 2016년에 의뢰한 리튬 자원에 대한 기술적 평가 자료를 찾아내기도 했는데, 의혹이 일자 결국 정부 대변인은 여러 광업 회사들과 논의하고 있긴 하지만, 어떠한 것도 아직 확실하게 결정된건 없다고 밝혔다.

2020년 1월, 이나시우와 비슷한 걱정을 가진 주민들이 모여 만든 왓츠앱 채널과 페이스북 그룹에 한 장의 지도가 공유되기 시작했다. 전문적으로 지도를 만드는 현지 소프트웨어 개발자가 여러 장의 지도를 하나로 합쳐 만든 것이었다. 이지도는 지금껏 사람들이 가장 두려워하던 일이 현실이 되고 있음을 확인시켜 주는 듯했다. 마치 태피스트리[1]처럼 짜깁기된 기하학적 형상이 여러 자연 보호 구역들과 인접해서 내륙 전체에 퍼져 있었다. 지난해 리스본에서 열린 행진을 포함해 각 지역 및 전국 단위로 벌어진 일련의 시위는 현대 광업이 자연환경에 미치는 영향에 관한 경각심을 일으키고자 했다. 자연 서식지를 산업적 규모로 파괴할 가능성과 화학 물질 오염 및 소음 공해, 높은 수준의 물 소비량 등이다. 이들은 또 관광 산업에 미칠 영향에 대해서도 우려를 제기했다. 관광 산업은 2019년 기준 연간 매출액이 184억 유로, 우리 돈 25조 원에 이르는 이 나라 경제의 근간이다.

이러한 모든 우려는 시민운동 진영의 연합 단체가 최근 발표한 '국민 선언national manifesto'에 잘 나타나 있다. 다만, 현지 언론의 떠들썩한 보도에도 불구하고, 이 선언은 거의 아무런 영향도 미치지 못하고 있다. 이러한 현실은 이 나라의 환경 운동이 상대적으로 미약하다는 사실도 일부 반영되어 있다. 포르투갈은 유럽 내에서도 그린피스 지부가 없는 몇 안 되는 나라 중 하나다. EU가 유럽 소비자 전체를 대상으로 진행한 설문 조사에서 포르투갈 사람들은 친환경 브랜드 상품에 돈을 지출할 가능성이 가장 적은 것으로 드러났다.

포르투갈 중부 카스텔루 브랑쿠Castelo Branco의 바르쿠 Barco 마을 출신 대학 강사인 43세의 마리아 카르무Maria Carmo는 환경에 대한 무관심은 대부분 도심이나 해안가에 거주하는 사람들의 시골 지역 무시 경향이 드러나는 것이라고 여긴다. 시골 지역의 인구는 지난 50여 년 동안 꾸준히 감소해 왔다. 수십만 명의 사람들이 가난하고 인구도 적은 내륙 지역 대신 해외로 새로운 삶을 찾아 떠나거나 해안 도시로 이주했기 때문이다. 이들 중 다시 내륙으로 돌아온 사람은 거의 없다.

채굴 면허 승인에 대비해 이나시우를 비롯한 소수 강경파는 법정 싸움을 준비를 하고 있다. 카르무의 입장은 명확하지 않다. 카스텔루 브랑쿠에서 그녀가 참여했던 캠페인 그룹은 이미 분열되었고, 회원들의 절반은 그녀가 사는 마을 위쪽에서 노천 리튬 광산이 허가될 가능성이 크다고 전망한다. 어쨌든 채굴될 것이기 때문에 차라리 다른 형태의 약속을 받아내기 위해 협상하는 것이 낫다는 의견도 나온다. 바르쿠 지역에도 예전에 주석 광산이 하나 있었는데, 채굴이 꼭 그렇게 나쁘진 않았다고 말하는 주민들도 있다.

하지만 카르무는 주석 광산 채굴과 리튬 채굴을 비교하는 것은 실수라고 생각한다. 그녀의 아버지와 할아버지는 1960년대 초 폐광 전까지 마을 외곽에 있는 아르제멜라 Argemela 주석 광산에서 일했다. 그 당시 채굴은 소규모였고 광산도 지하에 있었다. 반면 새로운 리튬 광산은 산 언덕의 절반을 사라지게 할 것이다. 정상에 있는 청동기 시대의 거주지 유적이 피해를 볼 수도 있다. 특히 주민들은 화학 물질이 누출돼 인근에 농업용수를 공급하는 제지리 Zêzere 강까지 오염될까 봐 걱정하고 있다.

3년간 고군분투하는 사이 카르무는 이제 지쳐서 거의 항복을 외칠 지경이 되었다. 그녀는 정부가 귀를 틀어막고 있으며, 시민들은 이 문제에 관심이 없다고 생각한다. "엄청난

파괴가 일어날 겁니다. 그런데 무엇을 위해서죠? 파괴의 대가
는 파리와 베를린에 사는 환경 의식을 가진 사람들에게만 돌
아갈 겁니다. 탄소를 배출하지 않는 차량을 몰고 돌아다니면
서 만족감을 느끼겠죠."

지속 가능한 희생

포르투갈의 리튬 호황을 지지하는 이들은 기후 위기를 해결
하는 과정에서 지역 환경이 파괴되는 것을 작은 희생이라고
말한다. 그들은 장기적으로 이산화탄소 배출량을 줄이는 데
기여하는 풍력 발전 시설이나 태양열 에너지 단지, 수력 발전
소 같은 혁신적인 기술 역시 지역 주민들에게 어느 정도씩은
영향을 미친다고 지적한다. 사바나는 투자자들에게 보내는
편지에서 개발 예정인 광산이 1억 톤의 이산화탄소 배출을
막아 낼 충분한 배터리 팩을 만드는 데 일조할 것이라고 말한
다. 이들의 예상 수익은 초기 11년의 운영 기간에 15억 5000
만 달러, 우리 돈 1조 8670억 원에 달할 것으로 보인다.

　　사바나의 CEO인 데이비드 아처David Archer는 여기서 한
걸음 더 나간다. 런던 사무실에서 만난 그는 이 회사가 투자하
는 수백만 달러의 비용이 '세계 공공 이익global commons의 질'을
전반적으로 향상할 것이라고 말한다. 그가 제시하는 방정식
은 간단하다. 리튬은 배터리이고 배터리는 전기차이며, 전기

차는 결국 배기가스의 감소이고 배기가스의 감소는 현재의 기후 비상사태에 덜 취약한 세상을 의미한다는 것이다. 그는 또한 트라소스몽테스 현지에서만 최대 800개에 이르는 신규 일자리가 생겨나 세수가 더욱 증가하고, 포르투갈 경제에 미치는 경기 부양 효과만 4억 3700만 유로, 우리 돈 5938억 원에 달할 것이라고 덧붙였다. 개발의 관점에서 보면 이건 "생각하고 말고 할 것도 없는 결정"이라고 그는 말한다.

포르투갈 정부도 이에 동의한다. 외국 투자자들을 대상으로 만든 홍보 영상에서 환경부 장관은 자국을 "에너지 전환 측면에서 세계를 이끄는 나라 중 하나"라고 말한다. 이 짧은 영상은 현정부의 환경 혁신 정책에 대한 굳은 의지를 강조하고 있다.

그러나 반대론자들은 이윤이 창출되기만 한다면 지역에 미치는 환경적인 영향은 거의 항상 간과된다고 말한다. 캠페인 그룹인 액션에이드ActionAid에서 지구 기후 분야를 이끄는 하르지트 싱Harjeet Singh은 이런 딜레마 때문에 지난 수십 년 동안 국제 기후 회담이 어려움을 겪어 왔다고 말한다. 경제적 북반구global north는 배출량 제한 목표를 더욱 엄격히 만들고 싶어 하는 반면에 경제적 남반구global south는 여전히 경제 성장을 원하고 있으며, 기후 문제를 해결해야 하는 책임은 당연히 기후 변화를 일으킨 당사자 즉, 선진국들이 져야 한다고 생각한다. "친환경 기술은 재생 에너지 체계로 전환하는 데 있어서 필수적이지만, 부정적인 영향이 없는 것이 아닙니다. 그 피해가 가장 가난하고 가장 소외된 이들에게 돌아가지 않도록 주의할 필요가 있습니다." 싱의 말이다.

칠레에서는 광업의 피해를 둘러싼 싸움이 몇 년째 이어지고 있다. 칠레 중부의 구리 생산지 오이긴스O'Higgins에서 나고 자란 지역 활동가인 36세의 라몬 발카자르Ramón Balcázar는 대규모 광업이 미칠 수 있는 잠재적인 피해가 어떤 것인지 이미 어린 나이에서부터 깨닫고 있었다. 1990년대에 어린 시절을 보낸 그의 성장 배경에는 토지 사용과 용수권water rights, 화학적 오염에 대해 오랫동안 이어져 온 논쟁이 있다. 그리고 6년 전 그는 북쪽의 외딴 지역인 산 페드로 데 아타카마San Pedro de Atacama로 이주했다. 안데스 산맥에 있는 그 유명한 소금 평원 가장자리의 마을에서는 저 멀리 햇볕에 달궈진 하얀 결정과 뿌연 입자들로 뒤덮인 거친 표면이 보인다. 구름 한 점 없는 이 거대한 사막 하늘 아래에서 그는 마침내 자유롭게 숨쉴 수 있게 되었다고 생각했다.

당시엔 몰랐지만, 사실 그는 또 하나의 전장으로 걸어간 것이나 다름없다. 산 페드로는 북쪽 볼리비아에서부터 아르헨티나 서부까지 펼쳐진 광산 지대의 최서단부에 위치한다. 캘리포니아의 데스밸리Death Valley보다 50배 건조한 이 지역의 바싹 마른 표면 아래에는 풍부한 광물들이 가득한 지하 세계가 감춰져 있다. 역사적으로 광업 회사들은 수익성이 좋은 이곳의 구리와 상대적으로 수익성이 낮은 요오드와 질산염까지 모조리 채굴해 왔다. 일부의 추정에 의하면 이곳에는 전 세계 리튬 매장량의 절반가량이 묻혀 있다. 2010년대 중반에 리튬-이온 배터리에 대한 소문이 모든 광산 마을에 번지던 무렵 신규 면허 요청이 쇄도하기 시작했고, 투자가 이뤄지면서 채굴 시설도 확장했다. 이 지역은 지금 '리튬 삼각지 lithium triangle'로 알려져 있다.

광업 회사들은 현재의 운영 방식이 지속 가능하다고 주장하지만, 멕시코시티의 한 대학원에서 공부 중인 발카자르는 이런 주장에 근거가 없다고 일축한다. 대규모 리튬 채굴이 아타카마의 연약한 자연 생태계에 미칠 영향이 어떨지는 아무도 모른다. 포르투갈과 다르게 이곳의 리튬은 소금물 안에 녹아 있어 다이너마이트나 굴착기가 사용되지 않고, 보기 흉할 정도로 거대한 구덩이를 남길 위험은 없다. 대신 이곳에는 수백만 리터의 소금물이 고인 거대한 웅덩이들이 마치 염전처럼 깔끔하게 구획된 모습으로 늘어서 있다.

이곳의 소금물은 지하에서 퍼 올린 것으로 햇볕에 노출되면 증발한다. 발카자르와 인근 주민들의 두려움은 소금물을 퍼 올리는 동굴과 지하 대수층에 집중되어 있다. 그들은 이

지점에서 재앙이 일어나고 있다고 말한다. 소금물이 매장된 지층의 위쪽에서 별도로 발견되는 담수층을 오염시킬 위험이 있어서다.

발카자르는 지역 생태에 미치는 변화를 기록하기 위해 모인 전문 과학자들 그리고 의식 있는 시민들의 네트워크인 '안데스 소금 평원의 다국적 관측소Plurinational Observatory of Andean Salt Flats'와 함께 일하고 있다. 목초지의 축소, 작물의 흉작, 동식물군群의 멸종 등 그들이 중요하게 여기는 증거들은 모두 사막화의 과정을 가리키는데, 리튬 추출로 인해 그 정도가 더 심해지는 것으로 보인다. "거대하면서도 복잡한 수문학hydrology 체계의 교란으로 인한 영향은 하루 이틀 관찰하는 것으로는 발견되지 않습니다." 발카자르는 말했다. "하지만 그 두 가지는 의심의 여지 없이 서로 연결되어 있습니다."

칠레 법원은 최근 리튬 채굴 기업인 SQM의 사업 확장 계획을 환경 문제를 이유로 저지했지만, 관계 당국의 지원을 얻으려는 거의 모든 시도는 실패해 왔다. 칠레에서 특정한 지역과 자연환경은 언제든 발전이라는 명목 아래 희생될 수 있다고 발카자르는 지적한다.

전기차는 깨끗하지 않다

광업 회사들이 리튬 매장지를 찾기 위해 전 세계 사막과 시골을 탐사하는 동안, 채굴 팀을 파견하지 않고도 배터리용 리튬을 생산할 수 있는 방법을 찾으려는 또 다른 연구가 병행되고 있다. 독일 작센주 시골 들판에 둘러싸인 산업 단지에서 크리스티안 하니쉬Christian Hanisch는 재활용을 통한 해법을 모색하고 있다. 그는 이렇게 말한다. "땅에서 천연 리튬을 추출하는 대신 우리가 이미 가진 것을 다시 사용할 수 있다면 어떨까요?" 지난 10년 동안 50만 톤의 리튬이 추출되고 정제됐는데, 이들 중 상당량은 현재 버려진 상태로 녹슬고 있는 휴대 전화와 노트북 안에 들어 있다.

그는 브라운슈바이크 공과 대학 박사 과정 중에 뒤젠펠트Duesenfeld라는 회사를 공동 설립했다. 이 회사 건물 2층에 있는 평범한 사무실에서 만난 하니쉬는 물류에 어려움이 있다는 점을 인정했다. 일상 기기에 들어 있는 리튬-이온 배터리는 일반적으로 크기가 작은 데다 다루는 것도 성가시기 때문에, 하니쉬는 편의성을 위해 중고 전기차 배터리에 투자하는 과감한 결정을 내렸다. 중고 전기차 한 대에는 재사용할 수 있는 리튬이 약 8킬로그램 들어 있다. 그는 창밖을 가리켰는데, 공장 밖 아스팔트 위에는 최근 배송된 샘플 몇 개가 쌓여 있었다. 샘플 하나의 크기는 두툼한 매트리스 정도로 보였다.

배터리를 감싸고 있는 무거운 플라스틱 케이스를 제거하는 작업은 비교적 쉽다. 문제는 배터리 셀 안쪽에 있는 리튬을 분리하는 것이다. 현재로서는 크게 두 가지 방법이 있다. 배터리 셀을 섭씨 300도 수준으로 가열해서 리튬을 증발시키거나, 산acid이나 기타 환원제reducing agent를 사용해 리튬이 스며나오도록 만드는 것이다. 리튬은 쉽게 폭발하는 경향이 있을 정도로 휘발성이 아주 강하다. 또 전도율을 높이기 위해 첨가한 다른 금속과 쉽게 반응하기 때문에 두 가지 방식 모두 상당히 복잡한 편이다.

시장 애널리스트들은 향후 10년 동안 세계 리튬 재활용 산업의 가치가 지금보다 12배 증가하고 2030년이 되면 180억 달러, 우리 돈 22조 원 이상이 될 정도로 잠재력이 크다고 본다. 이런 분위기 속에서 리튬 재활용이라는 혁신적인 방식을 둘러싼 경쟁은 점점 더 뜨거워지고 있다. 뒤젠펠트 외에도 초기 단계의 리튬 재활용 업체가 독일에만 최소 세 곳이다. 국경을 넘어서 벨기에로 넘어가면, 제련 회사에서 도시 폐기물 재활용 기업으로 변신한 유미코아Umicore가 있다. 자체 기술을 개발 중인 유미코아는 구체적인 내용은 공개하지 않고 있다. 유럽 내 또 다른 유력 경쟁자는 프랑스의 SNAM이다.

하니쉬는 뒤젠펠트의 기술이 경쟁력을 갖고 있다고 자신한다. 뒤젠펠트의 접근법은 고도로 에너지 집약적인 제련이나 독성이 심각한 침출 방식이 아니라 기계적인 분리 방식을 기반으로 하고 있어서다. 이 기법은 배터리의 부품을 물리적으로 분해한 다음, 자력과 증류법을 결합해 남아 있는 리튬을 추출하는 방식을 택한다.

뒤젠펠트 공장 안, 윙윙거리고 철컹거리는 굉음 속에 마치 잠수함처럼 생긴 기계가 뒤쪽 벽면을 차지하고 있었다. "저건 크러셔(으깨는 도구)라고 하는 겁니다." 머리에 차고 있는 귀마개를 뚫고 하니쉬가 외치는 소리가 들려왔다. 그 사이에는 파이프와 깔때기, 컨베이어 벨트가 정글처럼 가득 쌓여 있었고, 끝에 작업대가 놓여 있었다. 생산 라인의 시작과 끝이 어디인지는 확실치 않았다. 하니쉬는 자신의 발명품을 더없이 행복한 표정으로 지그시 바라보았다. "시끄럽죠. 하지만 이것이 이 안에 있는 리튬을 가장 친환경적으로 재활용하는 방법입니다."

하니쉬는 니더작센의 시골 농가에서 자랐는데, 그곳에서 어린 시절을 보낸 성장 배경이 있었기에 친환경적인 야망을 품을 수 있었다. 올해 초 그는 컨설팅 벤처인 '노 카나리아 No Canary'를 설립했다. 이 회사는 배터리 생산뿐만 아니라, 재료 단계에서부터 최종 폐기까지 전기차 전 생애 주기에 걸친 탄소 발생량 감소법을 컨설팅한다. "그레타 툰베리Greta Thunberg가 옳았습니다." 그는 자신의 취임 기념 웨비나webinar에서 청중들에게 이렇게 말했다. "우리는 탈탄소decarbonisation 문제에 있어서 충분히 빠르게 움직이지 않고 있습니다."

그러나 휘발유와 디젤에서 벗어나는 것만이 유일한 대책은 아니다. 전기차를 포함한 어떤 차량이든 제조 과정에서 탄소를 배출하기 때문이다. 차체에 쓰일 강철을 제련하는 데 석탄이 사용되고, 대양을 가로질러 전자 부품을 배로 실어 나르는 데에도 디젤이 사용되기 때문이다. 리튬-이온 배터리 제조 과정에서 추가적인 재료와 에너지가 투입된다는 사실은 현재로서는 전기차의 생산과 관련한 탄소 배출량이 휘발유나 경유로 운행되는 차량보다 더 많다는 의미다. 일부 계산 결과들을 살펴보면 38퍼센트 정도 더 많다. 국가 전체의 전력망이 완전히 재생 에너지 기반으로 전환되기 전까지는 배터리를 충전하는 과정에서도 석탄이나 천연가스를 사용하는 화력 발전소에 어느 정도 의존할 수밖에 없을 것이다.

리튬은 배터리 전체 비용에서 작은 비중을 차지한다. 제조업체들이 굳이 다른 대안을 찾을 만한 이유가 적다. 사실, 리튬을 재활용하는 것보다는 땅속에서 파내는 것이 더 저렴하다. 하니쉬의 작업에서 가장 비용이 많이 드는 과정 중 하나는 재활용 상태의 황산리튬lithium sulphate으로부터 복원한 리튬을 배터리에 사용할 수 있는 형태인 탄산리튬lithium carbonate으로 변환하는 것이다. 뒤젠펠트는 자체적인 화학 공장을 구축할 여력이 없다. 이곳에서 만드는 최종 산출물은 '블랙 매스black mass'라고 하는 알갱이 형태의 값비싼 금속 물질이다. 회사는 이 물질을 습식 제련hydrometallurgy 시설로 보내 마지막 가공 과정을 거친다.

미국 일리노이주 아르곤국립연구소Argonne National Laboratory 에서 근무하는 배터리 재활용 시스템 전문가인 린다 그레인 스Linda Gaines에 따르면 리튬으로는 기존 재활용 공장이 돈을 벌 수 없다. "그들의 주된 목적은 코발트와 니켈, 구리를 회수하 는 것입니다. 리튬은 그다지 도움이 안 됩니다."

풍력 터빈이나 태양광 패널과 마찬가지로, 배터리 제조 업체들이 규모를 키우면 재활용 리튬의 가격도 내려갈 가능 성이 매우 크다. 이런 가정하에 살펴보면 현재로서는 극복해 야 할 공급과 수요 사이의 격차가 상당히 큰 수준이다. 팬데믹 이전 추정치에 따르면 전기차는 향후 5년 동안 네 배 이상 증 가해 1100만 대 이상에 달할 것으로 보인다. 업계에서는 이 러한 추세에 따라 리튬의 수요도 늘어 2020년대 중반에는 리 튬 연간 소비량이 70만 톤을 거뜬히 넘어설 것으로 예상한다. 뒤젠펠트를 포함한 모든 경쟁 업체가 지난 10년 동안 생산한 리튬을 단 1그램도 놓치지 않고 전부 재활용할 수 있다고 하 더라도, 이는 2025년 기준 9개월분의 신규 전기차 배터리 공 급 물량에 그칠 것이다.

광산에 반대한다. 삶에 찬성한다.

판데믹 이후의 불경기는 환경 운동가들에게 오히려 희망을 줬다. 신규 리튬 광산을 시급하게 개발할 필요성이 사라져서다. 반대 진영의 움직임도 자연스럽게 잠잠해졌다. 세계가 겪고 있는 위기가 장기화하면서, 새로운 차량 구매는 대다수 사람의 최우선 순위에서 밀려났다. 친환경 차량도 마찬가지다. 이렇게 자동차 제조 자체가 위축되는 상황에서는 비록 일시적인 현상이라 하더라도 전 세계 시장에 리튬이 넘치게 된다. 이에 따라 하얀 석유를 채굴하려는 열기도 주춤하다.

하지만 투자자들은 리튬의 장기적인 전망을 여전히 낙관적으로 보고 있다. 백악관의 정권 교체(이 글은 바이든 대통령 취임 전 쓰였다)가 예정된 가운데 기후 위기를 타개하려는 조치에 다시 지원이 시작될 것이라는 기대가 크다. 미국 대선 이후 2주 동안, 칠레에 본사를 둔 리튬 채굴 기업인 앨버말Albermarle의 주가는 20퍼센트 이상 상승했다. 영국에서는 보리스 존슨Boris Johnson 총리가 디젤 차량과 휘발유 차량의 신규 생산을 금지하는 조치의 적용 시기를 2030년으로 앞당긴다고 발표하면서 리튬 산업에 활력이 생기고 있다.

EU 집행위원회는 리튬 공급을 여전히 자력으로 해결하고자 한다. 2020년 9월, 슬로바키아의 외교관이자 EU 집행위원회 부위원장인 마로슈 셰프초비치Maroš Šefčovič는 포르투갈의 계획안이 자동차 분야에 필수적이라며 공개적으로 지지를 표했다. 게다가 그는 유럽투자은행EIB의 포르투갈 지원까지 약속했다. 이러한 발언은 EU 차원에서 원자재 확보를 위해 추진하는 새로운 전략과도 맞물려 있다. 이 전략에서 EU는 제3의 국가에 대한 의존도를 낮추는 한편 유럽 자체의 리튬 공급량을 2030년까지 18배 늘리는 방안을 모색하고 있다.

이는 리튬 광산에 반대하는 포르투갈 사람들에게는 실망스러운 소식이지만, 셰프초비치는 반대 진영의 사람들에게 작은 위안이 될 만한 이야기도 덧붙였다. 그는 광산에 관한 결정은 지역 공동체와의 대화를 통해서 내려져야 한다고 주장하며, "우리는 이러한 프로젝트들이 엄청나게 중요한 것일 뿐만 아니라 지역과 나라에도 이익이 될 것이라는 점을 지역 사회가 확신할 수 있게 해야만 한다."고 말했다.

기업의 책임을 주장하는 현대 사회의 움직임은 다음과 같은 논리에 기반을 두고 있다. 첫째, 기업은 산업이 끼치는 모든 부정적인 영향을 제거하겠다고 약속하지 않는다. 대신 기업은 그러한 문제들을 관리하고, 그로 인해서 발생하는 모든 피해에 대해서는 (셰프초비치의 표현을 빌리자면) 보상이라는 '이익'으로 균형을 맞추겠다고 약속한다. 포르투갈 북부에서 광산을 추진하고 있는 사바나의 경우를 보면, 이 회사는 개발 사업이 지역 환경에 미치는 영향이 있을 것이라는 점을 인정하지만, 지역에 대한 투자나 일자리 창출, 지역 사회 프로젝트 등 개발 이익이 피해보다 클 것이라고 주장한다.

영국 왕립예술대학에 재직 중인 포르투갈의 환경 건축가 고도프레두 페레이라Godofredo Pereira는 이러한 주장에 대해 회의적이다. 그는 칠레의 소금 평원 착취 현장을 직접 목격했는데, 대화나 좌담 제의가 피상적일 수 있다고 생각한다. 단적인 예로 원주민 그룹이 자유롭게 결정하라며 "주민의 관심사가 우선이고 정보에 입각한 합의를 할 수 있는 권리"를 담보한 국제적 합의를 이뤄낸 아타카마에서조차 발카자르와 같은 반대 진영은 목소리를 내기 위해서 안간힘을 쓰고 있다. 반면 채굴에 찬성하는 지역 단체의 의견은 아주 쉽게 접할 수 있다. 주민 합의를 얻어야 한다는 의무 사항은 필요에 따라 리튬을 국가의 중요한 전략이자 고부가 가치 자원으로 규정함으로써 간단히 무력화할 수 있다. 리튬이 지구 온난화의 속도를 늦추고 공기를 더욱 깨끗하게 만드는 데 기여한다는 사실을 고려하면 이런 상황은 충분히 일어날 수 있다.

페레이라에 따르면 사전에 약속한 절충안이 처음 생각했던 것과 상당히 다른 경우도 자주 볼 수 있다. 기업의 책임은 자발적인 속성을 띠는 만큼 광산 회사들은 언제든 합의를 철회할 수도 있다. 지역 단체들이 협상을 통해 고정된 로열티를 얻는 데 성공한 경우라 하더라도(아타카마의 주요 채굴 현장한 곳의 경우에는 매출의 3.5퍼센트이다), 이후에는 전리품을 둘러싸고 싸움이 벌어지면서 지역 사회가 분열되는 일도 흔하게 목격할 수 있다.

녹색 기술이라는 명목으로 포르투갈의 산들을 파헤치는 일은 여전히 막을 수 있을 것이다. 논란이 적은 대안적 기술이 등장할 수도 있다. 예를 들어 그린 수소green hydrogen가 유럽의 탄소 배출량을 최대 10퍼센트까지 상쇄하는 데 도움이 될 수 있다. 그러나 좀 더 즉각적인 해결책은 우리가 이동하는 방식을 다시 생각해 보는 것이다. 프로비던스대학 테아 리오 프랑코스가 지적했듯 사람들이 기차, 트램, 전기 버스, 자전거, 공유 차량 등 합리적인 형태의 이동 방식을 받아들인다면 모든 종류의 승용차에 대한 수요가 하룻밤 사이에 급감할 수도 있다.

하지만 포르투갈의 광산 반대 진영에게는 시간이 없다. 고도프레두는 개발 모델에 대해 대화를 하고 싶다면 시민들이 그런 대화를 요구해야 한다고 주장한다. 사람들이 더욱 많은 정보를 얻게 된다면 여론을 자신들 편으로 돌릴 수 있을 것이고, 결국엔 이 나라의 리튬 광산 개발 계획이 보류될 수도 있다고 그는 믿는다. 이와 관련해서 포르투갈 녹색당이 최근 광산 정책의 국가적 영향에 대한 평가를 요구하고 있는 것은 주목할 만한 흐름이다.

포르투갈 시위대는 녹색 성장을 반대하는 것이 국가의 발전을 막는 일이라는 것을 알고 있다. 내륙 지역에는 투자가 필요하다. 그래서 주앙 카소테가 사는 인근 마을의 운동장 울타리에 걸린 현수막에는 "광산에 반대한다Não à Mina"라는 문구 옆에 "삶에 찬성한다Sim à Vida"라는 문구가 적혀 있다. 이나시우와 카르무를 비롯해 광산에 반대하는 사람들이 말하는 '삶'에는 생태 관광, 재생 농업, 로컬 공급망 구축과 같은 저탄소 생활을 위한 조건들이 포함돼 있다. 카소테에게 삶이란 괜찮은 직업과 임금을 의미한다. 녹색 미래를 만들기 위해서는 이 두 가지 비전 모두 중요하다.

저자 조너선 왓츠(Jonathan Watts)는 영국의 저널리스트다. 《가디언》의 글로벌 환경 분야 에디터를 맡고 있다. 라틴 아메리카와 동아시아 특파원, 중국 외신 기자 클럽 회장 등을 지냈다. 저서로 《When a Billion Chinese Jump》가 있다. 이 글은 그가 그린피스의 지원을 받아 악틱 선라이즈에 승선했던 일련의 과정을 기록한 것이다.

역자 전리오는 서울대학교에서 원자핵공학을 전공했다. 대학 시절 총연극회 활동을 하며 글쓰기를 시작해 장편 소설과 단행본을 출간했다. 음악, 환경, 국제 이슈에 많은 관심이 있으며 현재 소설을 쓰면서 번역을 한다.

파라다이스 하버 ; 고대의 거품 소리

우리는 고래의 소리를 듣기 위해서 얼음으로 가득 찬 남극만 Antarctic bay을 가로질러 출발했다. 그런데 처음 들은 소리는 예상과 완전히 다른 것이었다. 남극해 아래쪽에서 나는 혼란스러운 소리였는데, 마치 기후 위기 그 자체처럼 들렸다.

우리가 탄 소형 모터보트의 승객은 일곱 명이었다. 극지 가이드 한 명, 그린피스 활동가 두 명, 저널리스트 두 명, 사진 촬영 담당자 한 명, 그리고 해양 음향학 전문가 한 명이었다. 주변으로는 들쑥날쑥한 흰색의 멋진 봉우리와 날카로운 푸른색의 빙하가 가득했다. 바다 위에는 부서진 얼음들이 별자리처럼 여기저기 듬성듬성 떠 있었다. 마치 하늘 크기만 한 거울이 깨져서 바다 표면에 산산이 흩뿌려진 것 같았다.

보트 조종사는 소음을 줄이기 위해 선외기 모터를 껐고, 과학자인 팀 루이스Tim Lewis는 긴 케이블에 방수 마이크를 단 수중 청음기를 바다 밑으로 내렸다. 보트가 흔들리며 근처에 있는 교회만 한 크기의 빙산 몇 미터 옆까지 표류하는 동안 우리는 조용히 앉아 있었다. 젠투펭귄 수십 마리가 물 안팎을 휙휙 들락거렸다. 저 멀리에서는 남극의 희미한 여름 태양 아래에서 산의 눈이 녹아 무너져 내리면서 일으키는 산사태 소리가 간헐적으로 들렸다.

우리가 듣게 된 것은 소리라기보다는 바닷속 풍경이었다. 20미터 길이의 케이블을 전부 펼친 루이스는 털모자를 벗고 헤드폰을 끼고는 눈을 감은 채로 두 귀에 의지해서 바닷속으로 깊이 내려갔다. 우리는 그의 표정을 보면서 무슨 소리를 듣고 있는지 추정하려고 했다. 첫 번째 단서는 찌푸림이었다. '장비가 제대로 작동하지 않는 건가?' 그다음에는 멍한 표정을 지었다. 마지막은 알 듯 모를 듯한 표정이었다. 그는 이렇게 말했다. "이런 소리는 지금껏 들어 보지 못했습니다. 마치 협곡 사이에서 물이 흐르는 소리 같아요."

우리는 돌아가면서 헤드폰을 받아 들었다. 모두가 비슷한 표정으로 집중해서 들었고, 기이한 소리에 대해 각자의 해석을 내놓았다. 활동가 한 명은 "배수구에 물이 흘러내리는 소리" 같다고 말했다. 배를 조종하는 이는 "숲속의 폭포" 같다고, 카메라 담당은 "길거리의 빗소리"라고 했다.

내 차례가 되었고, 나 역시 순간 이동을 했다. 바닷속이 아니라 거대한 동굴 안에서 높은 천장으로부터 물이 폭포처럼 쏟아져 내리면서 텅 빈 공간 전체에 소리가 울려 퍼지는 것처럼 들렸다.

"이건 빙하가 녹는 소리입니다." 루이스가 우리에게 알려 주었다. 눈이 내리면 공기가 갇혀 에어 포켓air pocket이 생기고 몇 년, 몇 세기, 심지어 수천 년 동안 빙하 내부에 압력이 가해진다고 그는 설명했다. "여러분이 들은 건 공기가 방출하면서 터지는 소리예요."

우리가 상상했던 것과는 정반대였다. 물이 공기 중을 가르며 떨어지는 것이 아니라, 공기가 물을 가르며 탈출하는 소리였다. 우리는 얼음에 아주 가까이 붙어 있었기 때문에, 고대의 거품 소리는 놀라울 만큼 시끄러웠다. 우리 인간은 수면 위에서는 들을 수 없지만, 그것은 남극이 매년 여름 만들어 내는 소리였다. 지구가 점차 뜨거워지면서 이 소리는 더 시끄러워지고 있다.

킹조지섬 ; 녹는 정도 측정하기

2020년 1월 중순, 남극은 여름이 한창이었다. 과학자와 활동가들은 그린피스 선박인 악틱 선라이즈Arctic Sunrise와 에스페란자Esperanza를 타고 장장 10개월에 걸쳐 남극과 북극을 오가며 탐사를 하고 있었는데, 그 여정에 나도 잠시 합류했다. 남극반도Antarctic Peninsula와 사우스셰틀랜드 제도South Shetland Islands를 둘러보는 탐사의 마지막 여정이었다. 영국, 프랑스, 미국 소재 대학에서 아홉 명의 연구진이 참여해 인간의 활동이 어떻게 남극의 자연스러운 평형 상태를 교란하고 있는지 측정했다.

선원, 엔지니어, 활동가 등 59명에 달하는 승무원의 도움으로 과학자들은 음향 모니터링, 환경 유전자 샘플 채취, 플라스틱 초미세섬유microfibre 테스트, 식물성 플랑크톤 분석 등을 실시했다. 펭귄과 고래 개체 수에 대한 조사도 수행했다. 인류 최초의 탐험가들이 항해를 거듭하면서 해안선 지도를 그렸던 것처럼, 이번 탐사의 목적은 남극 생태계의 지도를 그리는 것이었다. 이번 탐사에서 우리가 찾아갔던 수역과 섬 중에는 수십 년 동안 아무런 조사가 이루어지지 않았던 곳도 상당히 많았다.

나는 남아메리카의 최남단 지역인 케이프혼Cape Horn에서 남쪽으로 600마일(966킬로미터)가량 떨어진 킹조지섬King George's Island에서 악틱 선라이즈에 올랐다. 비행장 하나, 교회 두 곳, 10개국에서 온 약 500명에 이르는 반영구 거주자들의 연구 기지가 있는 이 다국적 공동체는 다른 세상으로부터 멀리 떨어진 데다 협력 정신이 살아 있고, 목적 자체가 과학 연구이기 때문에 디스토피아 소설이나 영화에서 인류의 마지막 희망으로 자주 등장했다(절묘하게도 남극은 지구상에서 코로나 바이러스 감염이 단 한 건도 발생하지 않은 마지막 대륙이었다).

그러나 이곳도 전 지구적인 또 하나의 거대한 위기에 취약하기는 마찬가지다. 기후 변화 말이다. 남극 탐험의 베테랑들은 이곳에 있으면 남극 지역의 온난화가 얼마나 빠르게 진행되고 있는지 제대로 맛보게 될 거라고 경고했다. 남극만 주변의 경사면에는 눈보다 헐벗은 바위가 더 많았고, 돌이 가득한 해변에는 얼음이 전혀 없어서 이곳이 펭귄의 고향이라기보다는 차라리 영국의 브라이튼 해변이라고 해도 믿을 것 같았다. 이는 어느 정도 예상된 일이었다. 남아메리카 대륙을 향해 손가락처럼 뻗어 나온 남극반도Antarctic Peninsula의 기온은 지난 70년 동안 섭씨 3도가량 올랐다. 세계에서 가장 빠른 상승 기록 중 하나다.

더욱 놀라운 건 이곳 만에서 일렁거리고 있는 선박의 숫자였다. "사람들은 남극이 고립되었다고 생각하는데, 그건 신화에 불과해요." 그 전날 푼타아레나스에 있는 칠레 국립남극연구소National Antarctic Institute를 방문했을 때 마르셀로 레페 Marcelo Leppe 소장이 내게 해준 말이다. "변화가 너무 커서 말로 표현할 수 없을 정도입니다." 레페 소장은 이 지역을 연구하기 시작한 2002년 이후로, 방문객은 점점 더 늘어나고, 눈은 점점 더 줄어드는 광경을 목격해 왔다. "저는 빙하가 100미터 후퇴하는 걸 지켜봤습니다. 일부 땅은 지나치게 녹화가 진행되어 거의 골프 코스처럼 보일 정도죠."

지난 12월, 킹조지섬의 칠레 연구 기지에 있는 관측 장비는 무언가를 감지했다. 이는 레페 소장을 더욱 우려스럽게 만들었다. 멀리 6200마일(9978킬로미터) 이상 떨어진 오스트레일리아에서 발생한 산불로 생성된 블랙 카본black carbon이 대기 중에서 검출된 것이다. 미세한 양이라고 해도, 이런 그을음은 흰색의 풍경을 검게 만들고, 햇빛을 반사하는 능력을 떨어뜨려서 눈과 얼음을 더 빨리 녹게 만든다. "그래도 최소한 미래의 지질학자들은 이 지역 얼음 속에서 검은색 층을 발견하면 2020년에 만들어진 거라는 사실을 쉽게 알 수 있을 겁니다." 그가 음울한 농담을 던졌다.

그 외에도 미래의 지질학자들을 위한 단서들은 더 있다. 리에주대학교University of Liège에 따르면, 2019년 12월 24일은 기록이 시작된 이후로 남극의 얼음이 최악의 수준으로 녹았던 날이다. 지난 2월, 남극반도 끝에 위치한 아르헨티나 기지는 대륙의 본토 기온으로는 최고인 섭씨 18.3도를 기록했다. 며칠 뒤, 시모어 섬Seymour Island에 있는 관측소는 대륙 최고 기온인 섭씨 20.75도를 기록했다. 바로 그날, 남극에 있는 이 섬은 남아프리카공화국의 케이프타운보다도 더웠다.

전 세계 민물의 거의 70퍼센트는 남극의 눈과 얼음에 갇혀 있다. 이게 모두 녹으면 해수면은 50미터 이상 상승한다. 물론 그렇게 되기 훨씬 전에 인류 문명은 이미 물에 잠겼을 것이다. 과학자들은 그런 일이 벌어지기까지 얼마나 걸릴지 계산하느라 안간힘을 쓰고, 정치인들은 위기에 대응하는 걸 꾸물거리는 사이, 관광 산업은 지금이 바로 고객들에게 우리가 알던 남극을 보여 줄 마지막 기회임을 포착했다.

트리니티섬 : 세상 끝을 가득 메운 사람들

처음 이틀 동안, 주변이 고요한 가운데 우리는 바다의 풍경과 야생 동물을 경이로운 시선으로 바라보면서 남쪽으로 항해했다. 면적이 미국과 멕시코를 합친 것과 비슷할 정도로 어마어마한 이 대륙의 생물종種 수는 런던의 흔한 정원에서 발견할 수 있는 것보다도 적다. 그러나 거주 생물의 다양성 부족을 숫자로 보완하고 있다.

킹조지섬으로부터 남쪽으로 150마일(241킬로미터) 떨어진 곳에 있는 트리니티섬Trinity Island을 처음으로 잠시 방문했을 때부터 그런 사실을 분명하게 알 수 있었다. 그곳에서 우리는 재잘거리는 펭귄, 끙끙거리는 바다표범, 꽥꽥거리는 가마우지를 아주 많이 볼 수 있었다. 그리고 그 옆에는 놀라울 정도로 많은 관광객이 있었다. 그곳과 다음 정착지인 파라다이스 하버Paradise Harbour에서 우리는 불과 나흘 동안 여섯 척의 거대한 크루즈를 목격했다. 거기선 소형 보트를 타고 고래를 구경하려는 사람들, 카약을 타고 모험을 즐기려는 휴가객, 그리고 붉은색 재킷을 입고 새의 배설물로 얼룩진 경사면을 따라 걸어 다니는 트래킹족이 마구 쏟아져 나왔다.

남극을 처음 발견한 지 200주년이 되는 2020년 남반구의 여름(북반구의 겨울) 기간에는, 8만 명에 달하는 관광객들이 남극을 방문할 것으로 예상된다. 2015년보다 거의 세 배나 증가한 수치다. 판데믹 이전만 하더라도 조선업계는 극지방과 얼음에도 견딜 수 있는 크루즈 수요가 강세일 것으로 내다보고 있었다. 호화 유람선 운영사들은 바닥 난방이 되는 데크의 이글루 시설, 수중 라운지, 관람 데크 확장 등을 통해 서로를 이기기 위해서 경쟁하고 있다. 관광 안내 책자가 "지구에 마지막으로 남은 야생의 최전선"이라고 설명하는 이곳을 경험하기 위해 관광객들은 1만 달러에서 많게는 2만 달러의 비용을 지불한다.

지나치게 우세한 우리 종에게 남극은 숭고한 존재 안에서 우리가 작다는 걸 느낄 수 있게 해준다. 요즘처럼 연약하고 과중한 부담을 주는 조부모가 아니라, 경외심을 불러일으키고 우리를 잘 양육해 주는 어머니로서의 자연을 다시 느낄 기회인 것이다. 여행사는 관광객들에게 거의 버림받은 황량한 대지를 여행하는 것 같은 느낌을 주기 위해서 스케줄을 조정하고, 크루즈의 선장들에게는 레이더를 확인해 주변의 다른 선박들이 눈에 띄지 않게 해달라고 지시한다(우리의 극지 가이드인 톰 포맨Tom Foreman이 지적하듯 "500명의 사람들이 다른 거대한 쇳덩어리를 타고 근처를 지나가는 걸 보면 고독에 대한 기대감이 적잖이 망가질 것"이기 때문이다).

여행사들이 고독이라는 환상을 조성하는 데 그토록 많은 에너지를 쏟아부으면서 벌어지는 웃지 못할 일이 있다면,

최소한 그 노력이 관광객의 과밀 현상을 막는 데는 도움이 된다는 점이다. 바이오 보안biosecurity은 남극에서 결코 사소한 문제가 아니다. 씨앗, 균류, 바이러스가 퍼지는 걸 막기 위해 남극 땅에 발을 내려놓기 전에는 반드시 신발을 소독해야 한다. 모든 사람은 야생 동물로부터 일정한 거리를 유지해야 한다. 동물들이 갑자기 다가오지 않는 한 펭귄으로부터는 5미터, 바다표범으로부터는 10미터, 고래로부터는 50미터 이상 떨어져 있어야 한다. 쓰레기를 버려서도 안 된다.

지난 5년 동안, 아스트리드 자피로Astrid Zafiro는 남극으로 가는 교통량이 증가하는 걸 봐왔다. 킹조지섬에서 남쪽으로 약 250마일(402킬로미터) 떨어진 파라다이스 하버에 있는 아르헨티나의 애드미럴 브라운Admiral Brown 기지의 소장인 그녀는 관광 산업의 성장세가 기온 상승으로 초래되는 변화만큼이나 가시적인 수준이라고 생각한다. 펭귄 서식지를 지나서 소형 연구 시설 뒤쪽에 있는 경사면을 따라 우리를 안내한 후, 자피로는 만의 건너편에 새롭게 모습을 드러낸 누나탁(nunatak·얼음 위로 솟아난 민둥산 봉우리)을 가리켰다. 근처의 대형 크루즈는 고무보트 위로 중국인 관광객들을 쏟아 내고 있었다. 저 멀리에서는 조각난 빙하 덩어리가 바닷속으로 무너져 내리는 소리가 들렸다. "이 모든 게 우리 바로 앞에서 일어나고 있습니다. 이곳 만은 관광객들로 가득 차 있고, 얼음은 부서지고 있어요." 자피로가 생각에 잠겨 말했다.

자피로는 기후 변화 모델에는 드러나지 않는 피드백 루프feedback loop를 설명했다. 남극이 기후 위기로 위협받을수록, 남극이 녹기 전에 이곳을 보려는 관광객이 더 많이 찾아온다는 것이다. 지구의 끝인 남극까지 가려면 크루즈와 비행기를 타고 먼 거리를 이동해야 하기 때문에 더 많은 탄소를 배출하고 지구를 가열시키게 된다. 이렇듯 '지금이 마지막 기회'인 관광 산업은 자기 충족적 예언self-fulfilling prophecy[3]이 된다.

악틱 선라이즈에는 카롤라 라케테Carola Rackete라는 독일 출신의 젊은 승무원이 있었다. 그녀는 내게 철학자 글렌 알브레히트Glenn Albrecht가 제안한 개념인 솔라스텔지어solastalgia에 대해 말해 주었다. 환경이 파괴되는 것으로부터 사람들이 느끼는 상실감을 이르는 단어인데, 지금 이곳의 관광객들은 자연의 아름다움을 목격하면서 동시에 그런 상실감을 미리 느끼고 있다는 것이다. "다음에 왔을 때는 알아볼 수 없을 정도로 바뀌어 있을 거라는 걸 아니까, 그걸 즐기려는 거예요. 사라질 거라는 예측을 기정사실화한다는 점이 가슴 아픕니다." 라케테의 말이다. 솔라스텔지어와 남극은 떼어 놓고 생각하기 어렵다.

우리는 파라다이스 하버에서 사흘을 보냈다. 매일 보트를 타고 나가서 샘플을 채취하고 고래, 바다표범, 펭귄을 관찰하고 소리를 들었다. 마지막 날 밤, 지금이 이 모든 걸 체험할수 있는 마지막 기회라는 사실을 알기에 나는 선뜻 잠들지 못하고 있었다. 산 위쪽으로 태양의 엷은 잔광이 희미해지자, 어스름한 만은 마치 잘 가공해 놓은 크롬처럼 매끈했다. 시간 자체가 얼어붙은 것 같았고, 나는 초창기 남극 탐험가 중 왜 그토록 많은 사람들이 이곳에서 신과 가까이 있다는 느낌을 받았는지 이해하기 시작했다.

잠시 후, 시공간을 초월한 나의 사색이 중단되었다. 100여 미터 떨어진 곳에 정박해 있던 대형 크루즈에서 KC 앤드 더 선샤인 밴드KC and the Sunshine Band의 노래가 울려 퍼지기시작했던 것이다. 선실로 다시 돌아가는 동안 그 노래의 가사가 계속해서 귓전에 맴돌았다. "That's the way, uh-huh uh-huh, I like it, uh-huh, uh-huh"

로섬 ; '이곳 생태계는 무언가 망가졌습니다'

일부이기는 하지만, 남극에는 아직까지 인간이 거의 방문하지 않은 섬이 남아 있다. 너무 작거나, 너무 평범하거나, 너무멀리 있거나, 폭풍우가 너무 심한 곳이 주로 그렇다. 다음 날우리가 향한 목적지는 로섬Low Island이었는데, 이런 모든 조건에 들어맞는 곳이다. 사우스셰틀랜드 제도의 최서남단에 있는 이 섬의 길이는 9마일(15킬로미터)에 너비는 5마일(8킬로미터)이다. 섬은 남위 60도에서 70도 사이에 위치하고 있다. 바람과 파도가 몰아치는 걸로 악명이 높아서 '슈리킹 식스티즈 (Shrieking Sixties · 비명을 지르는 60대)'라고 부르는 지역이다.

로섬은 한때 남극에서 가장 거대하고 시끌벅적한 턱끈펭귄chinstrap penguin 서식지였을 것으로 여겨진다. 우리가 방문하기 전 이 섬에 대한 조사가 마지막으로 수행된 것은 1987년이었다. 그 후 남극의 다른 지역은 턱끈펭귄 개체 수가 50퍼센트 이상 감소하는 고통을 겪었다. 우리는 이곳에서도 그러한 추세가 마찬가지인지 알고 싶었다. 해안에서 그린피스의 에스페란자Esperanza에 타고 여러 섬을 돌아다니며 연구를 수행하고 있던 미국 스토니브룩대학교의 생물학자들과 합류했다. 이들의 임무는 단순하지만 감히 엄두가 나지 않는 것이었는데, 바로 펭귄의 수를 세는 일이었다. 그리고 그곳에는 수십만 마리의 펭귄이 있었다.

조류의 개체 수 조사는 인공위성을 이용해 시작한다. 우주에서 볼 수 있는 유일한 배설물은 펭귄 배설물이다. 크릴새우를 먹고 사는 수만 마리의 펭귄들이 뿜어내는 똥은 수 세대를 거치면서 바위를 연한 분홍색으로 물들인다. 덕분에 펭귄 서식지를 발견하기는 쉽지만, 좀 더 정확하게 계산하기 위해서 네 명의 과학자로 구성된 연구진은 드론과 인공지능을 활용해 둥지의 수를 센다. 그런 다음 계수기(카운터)를 손에 들고 표본 지역으로 직접 나가서 자신들이 찾아낸 내용을 재확인한다. 이리저리 돌아다니는 펭귄들이 집계에서 누락되는 일이 없도록, 펭귄 한 무리의 수를 연달아 세 차례씩 세어 본다. 연구진의 한 명인 노아 스트라이커Noah Strycker는 이런 과정을 "마치 참선 같은 활동"이라고 설명했다.

턱끈펭귄은 펭귄 중에서도 가장 시끄럽고 공격적인 종으로 유명하다. 이들은 구애 행위를 할 때 요란한 동작으로 잠재적인 짝에게 수작을 건다. 먹이를 구하기 위해 헤어졌다가 짝과 다시 만나면 열정적인 재회 인사를 나눈다. 둥지가 포식자에게 위협받으면, 부모는 방어를 위해 꽥꽥 소리를 지른다. 과학자들은 펭귄들이 주변의 불협화음을 걸러내고 가족이 외치는 소리에 집중할 수 있다는 사실을 발견했다(소위 칵테일 파티 효과라고 부르는 현상이다). 그러나 턱끈펭귄 개체 수가 감소하고 서식지의 와자지껄한 소란스러움이 조용해지면서 이런 능력은 점차 덜 중요해지고 있다.

우리가 여기저기에 있는 둥지들을 돌아다니면서 새끼들의 수를 세는 동안 들을 수 있었던 가장 커다란 소음은 사춘기의 새끼들이 부모들에게 입안에 머금고 있던 크릴새우를 더 달라고 떼를 쓰는 소리였다. 작은 새우처럼 생긴 크릴새우는 턱끈펭귄의 유일한 먹이로 알려져 있다. 과학자들은 턱끈펭귄 개체 수가 급감하는 이유 중 하나가 이렇게 한 종류의 먹이에만 의존하기 때문이라고 본다. 크릴새우는 해빙 아래에서 자라는 유기체를 먹고 산다. 얼음이 녹으면 크릴새우도 사라지게 된다. 반면 젠투펭귄은 번성하고 있는데, 먹을거리를 그다지 가리지 않기 때문이다.

개체 수 집계가 최종 완료되진 않았지만, 로섬의 턱끈펭귄이 다른 지역과 마찬가지로 취약하다는 건 이미 자명했다. 그리고 위험에 처한 것은 턱끈 펭귄만이 아니었다. "단기간에 이렇게 큰 폭으로 감소한다는 건 남극해 생태계에서 뭔가가 망가졌다는 겁니다." 스트라이커의 말이다.

이렇게 기후가 변화하는 가운데 로섬에서 잠을 잔다고 생각하니 정신이 번쩍 들었다. 우리 일행은 이 섬에서 캠핑한 역사상 최초의 인류였을지도 모른다. 극지 가이드들은 펙peg을 박을 만한 마땅한 흙이 없어서 텐트를 바위에 묶어야 했다. 텐트로 비바람이 부는 밤의 추위는 견뎌 냈지만, 시끄러운 소리와 냄새는 어쩔 도리가 없었다. 눅눅한 어둠이 내렸고, 펭귄들이 완전히 조용해지지는 않았지만 그래도 몸을 웅크리고 휴식을 취했다. 30년 전엔 펭귄들의 소리가 훨씬 시끄러웠을 것이다. 로섬이 이렇게 조용해진다는 사실은, 마음이 진정되는 것과는 거리가 멀었다.

해나 포인트와 디스커버리만 ; 대륙의 위대한 재기

다음 이틀 동안 날씨는 점점 더 나빠졌다. 바다에서 폭풍이 발생하는 바람에 우리는 그리니치섬Greenwich Island에서 움푹 들어간 지형인 디스커버리만Discovery Bay으로 배를 돌려 피신했다. 그리고 구름이 걷히기만을 기다렸지만, 좀처럼 그럴 기미가 보이지 않았다.

바다에서 보이는 유일한 생명의 흔적은 살파salpa들이 일렬로 늘어선 모습뿐이었다. 살파는 작은 튜브 형태의 투명한 젤리처럼 생기고, 배에는 분홍색 점이 있는 플랑크톤의 일종이다. 수온이 따뜻하면 이 작은 동물성 플랑크톤은 크릴새우를 잡아먹으면서 무성하게 자란다. 살파의 번성은 해양 생태계와 기후 문제에 있어서는 나쁜 소식이다. 살파 자체가 포식자들이 먹기에는 영양가가 많지 않고, 해양이 이산화탄소를 흡수하는 데도 별다른 역할을 하지 않는 걸로 보이기 때문이다(이 점에선 크릴새우가 더 낫다고 할 수 있다. 이산화탄소를 흡수하고 산소를 방출하는 작은 유기체인 식물성 플랑크톤을 잡아먹기 때문이다[4]). 이러한 변화 역시 우리가 며칠 전에 수중 청음기에서 들었던 불길한 소리와 관계가 있다. 남극이 녹는 소리가 커질수록 턱끈펭귄과 크릴새우의 수는 줄어들고 젠투 펭권과 살파의 수는 늘어난다. 바다의 산소는 줄어들고 산성도는 높아진다. 그리고 물론 빙하는 줄어들고 바닷물은 늘어나게 된다.

남극 서쪽에서 얼음이 녹는 현상이 자연적인 변동의 수준을 넘어 돌이킬 수 없는 수준이 되었다고 믿는 과학자들이 점점 더 늘어나고 있다. 지난 2월, 영국의 면적과 비슷할 정도로 방대한 스웨이츠Thwaites 빙하의 하부를 처음으로 조사한 결과, 따뜻한 물로 인해 광범위한 침식이 일어나고 있음이 드러났다. 이곳을 비롯해 인근의 파인섬Pine Island에 있는 빙하는 현재 1990년대보다 다섯 배나 빠른 속도로 사라지고 있다. 남극 서부 대륙 빙하의 붕괴는 현재 심각할 정도로 우려스러운 수준이다.

이런 상황에서 인류는 아무것도 할 수 없다고 생각하기 쉽다. 그러나 인류와 남극의 짧은 역사를 살펴보면 적어도 우리의 잘못이 무엇인지를 배울 수 있고, 우리가 일으킨 피해의 일부는 돌이킬 수 있음을 알 수 있다.

우리 머리 위의 성층권이 바로 그 증거다. 1980년대, 특정한 화학 물질이 오존층의 두께를 얇게 만들고 남극의 상공에 거대한 구멍을 만들어서 암 발병 위험을 높이며 기상 계통과 바다의 흐름에 지장을 준다는 사실이 알려졌고, 세계는 경악했다. 그 이후로 프레온가스CFC를 비롯해 오존을 고갈시키는 물질을 줄이려는 국제적인 노력이 있었고, 위협은 줄어들었다. 2020년 과학자들은 남반구의 바람 체계(wind system·풍계)의 혼란이 멈췄으며 심지어 자연스러운 상태로 다시 돌아갈 수도 있다는 사실을 발견하고는 가슴을 쓸어내렸다. 오존층의 구멍이 막히면 더 많은 열을 가둘 위험이 있다는 연구 결과도 있지만, 그래도 초기의 피해는 현재 회복되는 중이다. 이 지역의 야생 동물도 마찬가지다.

45억 년 동안, 남극의 바람과 파도는 단 하나의 속삭임도 실어 나르지 않았다. 인간이 처음 남극을 발견한 건 증기 기관과 전구가 발명된 지 몇 년 지나지 않은 시점, 불과 200년 전이었다. 이 대륙의 지도를 처음으로 그린 탐험가들은 영웅으로 칭송받았지만, 그 뒤엔 대학살이 이어지는 경우가 많았다. 영국의 해군 장교 제임스 클라크 로스(James Clark Ross, 남극의 로스해는 그의 이름을 따서 붙여진 것이다)는 항해하면서 발견한 바다표범과 펭귄에게 일어날 일을 정확히 알고 있었다. 1841년 그는 일지에 이렇게 적었다. "지금까지 이들은 박해자들의 손길이 닿지 않는 곳에서 평온하고 안전한 삶을 누려왔지만, 이제는 의심의 여지 없이 우리 나라의 부에 기여하게 될 것이다."

이후 50년 동안 영국과 미국은 100만 마리 이상의 물개를 죽였다. 기름 램프, 화장품, 비누를 만들기 위한 지방 2만 톤을 얻기 위해 수많은 코끼리 바다물범을 살상했다. 모든 만, 모든 섬의 동물 개체 수가 거의 사라졌다. 펭귄들은 기름을 얻기 위해 거대한 찜통에서 삶아졌다. 찜통은 하루에 펭귄 2000마리의 지방을 짜낼 수 있는 크기였다. 20세기 초에 마침내 펭귄에 대한 법적인 보호 조치가 시행되었지만, 동물성 기름과 지방 생산의 부족분을 보충하기 위해 이번에는 고래에 대한 수요가 촉발됐다. 대왕고래, 참고래, 보리고래 등 여러 종의 고래가 사냥당하면서 멸종 위기에 처했다. 혹등고래와 같은 고래는 거의 90퍼센트가 줄어드는 고통을 겪었다.

바다표범과 펭귄의 전례처럼, 고래들도 같은 운명에 처한 것으로 보였다. 그러나 이러한 흐름에 역행하는 규제와 때로는 반대하는 이들도 있었던 캠페인이 결국엔 차이를 만들었다. 국제포경위원회IWC에 따르면, 1985년에 상업적 목적의 포경 활동이 중단된 이후로 남반구의 혹등고래 개체 수는 꾸준히 증가해서 현재는 남획 이전 수준인 약 8만 마리에 근접했다고 한다. 그린피스의 배에 오른 과학자들은 범고래 무리의 집단 수다나 향유고래가 혀를 차면서 내는 천둥 같은 소리 등 방대한 음향 데이터를 수집하면서 고래의 개체 수를 추적하는 일을 돕고 있다. 이는 지구상의 그 어떤 생명체들이 내는 자연음 중에서도 가장 시끄러운 소리다. 짜릿한 사실은 대왕고래도 부활하고 있다는 점이다. 2020년 3월 영국의 남극조사단BAS이 사우스조지아섬South Georgia Island 주변을 조사한 결과, 불과 3주 만에 55마리를 확인했다.

활동가들에게 고래 개체 수의 회복은 절실히 바라던 성과다. 국제적 협력에 효과가 있고, 보호 조치가 작동하며, 인류가 자연계에 가했던 피해를 스스로 되돌릴 수 있다는 사실을 상기시켜 주기 때문이다. 그러나 누구도 이런 현실에 안주하지는 않는다. 소셜 미디어 팔로워들에게 자연 보호의 필요성을 알리기 위해 이번 여정에 합류했던 배우 구스타프 스카르스고르드Gustaf Skarsgård는 이런 현실을 다음과 같이 압축해서 표현했다. "남극은 회복되고 있는 것 같습니다. 그에 대해서는 저도 한두 가지 정도 알고 있습니다. 최악의 상태는 모면했지만, 상황은 여전히 취약합니다. 시간이 더 필요해요. 그렇지 않으면 다시 예전으로 되돌아갈 수 있습니다."

마침내 폭풍이 잔잔해졌고, 악틱 선라이즈는 다시 킹조지섬을 향해 나아갔다. 나는 거기서 집으로 가는 비행기를 탈 예정이었다. 공항[5]으로 가까이 다가갈수록 더 많은 크루즈와 과학 탐사선을 볼 수 있었다. 우리가 떠난 이후로 열흘 동안 남극의 여름은 눈에 띌 정도로 피해를 입었다. 눈에 덮여 있던 산비탈은 이제 까만 바위의 맨살을 드러내고 있었다. 벌거벗은 남극은 결코 관광객들을 끌어모을 수 없겠지만, 물과 얼음과 토양과 식생으로 뒤덮인 지구의 연약한 표층 아래에 있는 것이 무엇인지를 고스란히 보여 준다. 지구는 우주를 가로지르는 또 하나의 거대한 암석일 뿐이다.

킹조지섬 : 희망과의 조우

이번 여정에서 가장 눈에 띄었던 순간은 파라다이스 하버에서의 조우였다. 지금의 인류세Anthropocene에는 좀처럼 품기 힘든 감정을 느꼈다. 순수한 기쁨과 막 시작되는 희망이었다.

혹등고래는 눈에 보이기 전에 소리로 먼저 들렸다. 등 뒤에서 잔물결이 이는 소리와 한숨을 내쉬는 소리가 들리더니, 그다음에는 부드러운 물장구 소리가 들렸다. 곧바로 몸을 돌리자 활 모양의 등지느러미가 느릿하게 물 밖으로 나왔다가 다시 들어가는 모습이 보였다. 마치 동화책에 나오는 커다란 바다뱀의 삽화 같았다. 고래는 30미터쯤 떨어진 곳에서 우리를 향해 다가오고 있었다.

우리는 꼼짝할 수 없었다. 수중 청음기로 조용히 녹음하기 위해 이미 몇 분 전에 조종사가 보트의 엔진을 껐던 것이다. 아무 말 없이 그 광경을 지켜볼 수밖에 없었다. 고래는 이제 15미터 떨어진 곳까지 다가와 있었다. 고래는 머리의 구멍에서 다시 한번 물을 내뿜은 다음, 수면 아래로 미끄러지면서 슬그머니 시야에서 사라졌다. 짜릿한 기분이 들었다. 자신이 헤엄쳐 가는 길목에 장애물이 있다는 사실을 고래가 깨달았던 걸까? 그 정도 크기의 생명체와 부딪혔다면, 우리의 작은 보트는 분명 전복됐을 것이다.

고래는 뭔가 다른 생각을 했던 것 같다. 우리 앞쪽에서 불과 몇 미터 떨어진 수면 아래로 지나가면서 우리 배와 나란한 방향으로 몸을 돌렸는데, 거리가 어찌나 가까운지 팔을 뻗으면 만질 수 있을 것만 같았다. 그러더니 고래가 거대한 머리를 물 밖으로 드러내면서 입을 커다랗게 벌렸다. 침대만 한 크기의 혀와 빳빳한 수염판이 드러났다. 몇 초 뒤, 돌기가 있는 가슴지느러미를 첨벙이면서 고래는 다시 물속으로 들어갔다.

우리 다섯 명은 모두 입을 쩍 벌리고 환하게 웃으며, 눈앞에서 방금 본 광경을 전혀 상상하지 못했다는 표정으로 서로를 바라봤다. 개인적으로도 이제껏 그렇게 서로 기쁨을 공유했던 순간은 없었다. 거의 성스러운 경험이었다. 그러나 그게 끝이 아니었다. 몸을 돌렸는데, 그 고래가 다시 나타나서 우리 보트 주위를 한 바퀴 돌았다. 그리고 처음 모습을 드러냈을 때처럼 다시 조용히 헤엄쳤다.

우리는 잔뜩 들뜬 상태에서 모선으로 귀환했다. 어찌나 흥분했던지, 그 어떤 뛰어난 기술로도 그 순간을 제대로 포착하지 못했다. 누구도 수중 청음기의 녹음 스위치를 누르지 못했다. 내 휴대 전화로 찍은 동영상의 한쪽 구석은 다른 사람들의 몸으로 가려져 있었다. 그래도 상관없었다. 그 순간은 오랫동안 기억 속에 남을 것이다. 귀를 기울임으로써, 우리는 그토록 많은 것을 볼 수 있었다.

저자 크리스토퍼 드 벨래그(Christopher de Bellaigue)는 1994년부터 중동
과 남아시아를 취재한 저널리스트이자 작가이다. 최근 저서로《The Islamic
Enlightenment: The modern struggle between faith and reason》가 있다.
역자 최민우는 한국예술종합학교에서 서사 창작을 공부했고, 현재 소설을 쓰
면서 번역을 한다. 단편집과 장편 소설을 발표했으며《오베라는 남자》,《폭스
파이어》,《쓰지 않으면 사라지는 것들》등을 번역했다.

농업의 종말

다시 야생의 땅으로

스코틀랜드 고지대에 위치한 1만 7000헥타르의 사유지 '글렌페쉬Glenfeshie'는 20세기 마지막 몇 년에 걸쳐 급격한 쇠락을 겪었다. 수십 년 동안 사슴을 지나치게 방목하는 바람에 언덕의 비탈들은 생명이 깎여 나간 불모지가 되어 버렸다. 나무뿌리의 보호를 받지 못하게 된 페쉬강 둑은 강이 범람할 때마다 토양이 유실되었고, 하류에는 물에 쓸린 토사가 침전했다. 사슴들이 풀을 뜯어 먹는 와중에도 살아남은 몇 안 되는 스코틀랜드 소나무들마저 수명을 다해 가고 있었다. 다음 세대를 위한 종자 산지는 조만간 죄다 사라져 버릴 처지였다.

1997년에서 2006년 사이 글렌페쉬의 소유권은 세 명의 덴마크 사업가를 거쳤고, 이에 따라 자멸적인 사업 모델도 같이 달라졌다. 라이플로 무장한 사슴 사냥꾼들을 꾸준히 유입시키려면 사슴 개체 수를 높은 상태로 유지해야 했는데, 사냥터지기의 인건비와 토지 유지 비용이 늘면서 글렌페쉬의 사냥터 운영은 늘 적자였다. 그러는 동안 고지대를 천연 서식지 삼아 살아가던 유럽소나무담비, 산토끼, 잿빛개구리매 등은 점점 사슴들에게 밀려났다.

2006년, 그 세 명의 덴마크 사업가 중 가장 부유했던 억만장자 안데르스 홀치 포블센Anders Holch Povlsen이 마지막으로 글렌페쉬를 매입했다. 포블센은 온라인 유통 공룡 아소스Asos

를 포함한 패션 제국을 경영하는 인물이다. 그는 전직 토지 관리인이자 현지 직원인 토머스 맥도넬의 강한 권고를 받아들여, 사유지의 삼림 지대를 회복시키고 생물 다양성을 복원하기 위해 이전 소유주가 착수했던 사슴 개체 수 감소에 더욱 집중적으로 노력을 기울였다.

글렌페쉬는 포블센과 그의 아내 앤이 소유한 열두 곳의 스코틀랜드 사유지 중 가장 큰 지역이다. 두 사람이 1996년부터 토지 취득과 '생태 복원rewilding'에 쓴 비용은 총 7000만 파운드, 우리 돈 1140억 원으로 이들은 스코틀랜드에서 가장 광대한 규모의 부동산을 소유한 지주가 되었다. 생태 복원은 자연이 자유로운 통제권을 갖는다는 견해의 자연 보존 방식으로, 1990년 이후 널리 통용됐다. 그러나 전통을 고수하는 많은 지주와 사냥터 관리인들은 그 단어와 단어 이면의 가치를 계속해서 거부하고 있다.

스코틀랜드 고지대의 생태 복원은 '시골 사유지는 상류층 사람들이 사냥을 즐기는 무대'라는 개념이 시대에 뒤떨어졌음을 암시한다. 과거의 고지대는 부자들이 다른 곳에서 번 돈을 쓰러 오는 곳이었지만, 최근 수십 년간 한 번도 변변한 수익을 낸 적이 없던 사냥터들은 점점 더 독자 생존이 어려워지고 있다. 어느 베테랑 사냥터지기가 말해준 바에 따르면, 그 사업으로 실제 돈을 번 사람은 거의 없다.

2013년까지 맥도널과 그의 동료들은 글렌페쉬에서 8000마리의 사슴을 도태시켰고, 인근 사슴 사냥 업체를 포함한 적대자들은 이를 빌미로 도덕적 고지에 진을 쳤다. "자기들이 사슴을 쏘는 건 스포츠라면서 우리가 사슴을 쏘면 도살이라고 한단 말이죠." 지난 9월 맥도널을 찾아갔을 때 그가 쓴웃음을 지으며 내게 말했다. "게다가 삼림이 회복되려면 수백 년은 걸릴 거라지 뭡니까."

우리는 페쉬강이 내려다보이는 오솔길에 서 있었다. 길 양옆에 서 있는 어린 스코틀랜드 소나무의 녹색 침엽이 불그스름한 야생화인 헤더에 대조돼 밝게 빛나고 있었다. 소나무 사이로는 자줏빛 열매가 매달린 마가목이 자라고 있었고, 월귤나무 관목에는 봄이 되면 흰나방 애벌레에게 좋은 먹잇감이 될 이파리가 달려 있었다. 페쉬강 저편에도 새로 자라는 나무들이 더 보였다. 나무들은 둑을 감싸며 비탈 위로 퍼져가는 중이었다. 맥도널이 미소를 지었다. "보다시피, 우리 경쟁자들께서 틀렸던 거죠."

지난 20여 년 동안 남미에서 다뉴브 유역에까지 이르는 지역에서 정치가, 활동가, 양심의 가책에 시달리는 억만장자들(이들이 벌이는 핵심 사업은 이를테면 포블센의 의류 사업처럼 환경 친화적이지 못한 경우가 잦다)이 맺은 임시 제휴를 통해 수백만 에이커에 달하는 황폐화된 농경지와 방목지의 생태가 복원됐다. 그들의 철학, 즉 '땅은 그대로 내버려 둬야 한다'는 생각은 식량을 얻기 위해 토지를 효율적으로 개간하고 경작하고 비틀어 짜내야 한다는 종래의 지배적 관점을 뒤엎는다.

이 작업의 실무자들 상당수가 억만장자이고 그들이 자연에 되돌려준 풍경은 (서류상으로 누구의 소유건 간에) 우리의 귀한 자산이며, 식량을 토지에 의존하는 것은 깊이 뿌리내린 전통이기 때문에 생태 복원은 논쟁을 야기하기 마련이다. 하지만 생태 복원은 지구 건강에 대한 장기적인 관점에 기반하고 있다. 이러한 관점은 우리가 토지를 환경 측면에서 더욱 지속 가능한 방식을 동원해 먹거리를 생산하는 데 이용할 뿐 아니라 온실가스를 포획하고 멸종 위기종을 구하며 교통 체증과 손 세정제로부터 잠깐이나마 벗어날 수 있는 휴식을 얻는 데, 다시 말해 도시를 떠나 자연의 조화를 즐기는 데에도 이용한다는 점을 분명히 밝히고 있다.

글렌페쉬의 재생이 바로 그러한 작업이다. 맥도넬과 그의 팀은 지난 10년간 페쉬강 유역과 이웃 강 트로미 유역을 분할하고 있는 언덕을 따라 수만 그루의 소나무, 자작나무, 버드나무와 기타 토종 수목을 심었다. 이제 몇 년 뒤면 이 줄기들은 침식을 방어하는 방벽이자 탄소 흡수대, 또 큰들꿩과 뇌조 같은 고지대 새들의 서식 장소로 발전할 것이다. 새와 바람이 씨를 뿌려대고 있지만 밀집도가 1평방킬로미터당 40마리에서 한 마리로 줄어든 사유지의 사슴들은 더는 어린 새싹을 모두 먹어 치울 만큼 개체 수가 많지 않다. 그렇게 식물의 수가 늘어나면 소나무담비, 붉은 다람쥐와 산토끼들에게 먹이가 공급된다. 맥도넬은 이런 산짐승들의 개체 수가 늘어나는 모습을 주시하고 있다. 다른 한편으로 솔잣새와 뿔박새 같은 멸종 위기 조류의 개체 수도 증가했다.

이것은 누구에게 이익일까? 포블센의 스코틀랜드 사업체는 현재 매년 300만 파운드의 손실을 입고 있지만, 2027년 즈음에는 고급스러운 숙박 시설에 머물면서 절묘하게 익힌 사슴 고기를 즐기고 되살아난 풍경을 즐기는 데 돈을 쓰는 고객들 덕에 이익을 낼 수 있기를 바라고 있다. 생태 복원 계획이 처음 공개됐을 때, 스코틀랜드의 토지 소유가 소수에게 집중되어 있다는 점(스코틀랜드 시골 땅의 절반을 약 450명이 소유하고 있다)을 비판하던 사람들은 글렌페쉬가 부자들을 위한 자연 보호 구역이 될지 모른다고 우려했지만, 이러한 반응은 일반 도보 여행자들이 무료로 글렌페쉬를 지날 수 있도록 허용되자 다소 누그러졌다.

만약 생태 복원이 부자의 도락道樂처럼 보인다면, 이는 복원의 경제적 타당성이 입증되지 않았기 때문이다. 또 생태 복원은 잘못 붙은 명칭이기도 한데, 파타고니아에서 수만 마리의 양을 제거하든, 크로아티아 벨레비트 산맥에 멸종 야생

소인 오룩스 대신 사야게사 소를 집어넣은 것처럼 멸종된 종 대신 다른 생물 종을 도입하든 간에 생태 복원은 그 이름이 암시하는 것보다 인간의 개입을 더 많이 요구하기 때문이다. 생태 복원이 제공하는 관광 사업도 제한적이다. 복원된 지역의 존재 의의를 훼손하지 않고서는 해당 지역에 많은 사람을 수용할 수 없다. 생태 복원가들은 경관을 복구하고 공공의 복리에 기여하는 쪽으로 투자 방향을 돌림으로써 전통적인 경제 활동에 투입되던 돈을 가져오고 있다. 영국 농업에 미치는 파장이 느껴지는 것이 바로 이 지점이다. 불과 10여 년 전만 해도 토지가 지구 전체 차원의 안녕을 보장하기 위해 관리돼야 한다는 생각은 가능한 최저 비용을 들여 사람들의 배를 불리는 것이 존재 이유인 농부들 사이에서 거의 받아들여지지 않았다. 하지만 현재 농업의 미래를 결정하는 과정에서 대두되는 것이 바로 이 생각이다.

딜레마에 빠진 생태 복원

영국 인구에서 농업 종사자 비율은 1.5퍼센트에 불과하지만 전 국토의 71퍼센트는 농지로 분류되고, 농부들이 소유한 토지의 규모는 그들에게 대중의 상상력을 지배하는 힘을 부여해 왔으며, 이러한 힘은 꽤 많은 암탉과 유머러스한 새끼 돼지 등을 그려 내는 동화책을 통해 강화되었다. 시간이 흐르며 이러한 영국의 이미지, 즉 나근나근하고 꽃이 만발한 녹색의 땅, 도시 거주자들이 여가를 누릴 때마다 가벼운 걸음으로 향하는 에덴동산이라는 이미지는 국민들이 자국을 바라보는 시선에도 영향을 끼쳤다.

역경에서 회복한 기억은 자연스럽게도 집약적 농업 성장의 밑거름이 됐다. 제2차 세계 대전 당시 영국은 해상 봉쇄를 겪었고, 농부들은 관목과 목초지를 파종 가능한 밭으로 바꿔 경작지를 두 배로 늘리라는 지시를 받았다. 평화의 시기가 오고 나서도 자급자족을 이루자는 애국적 운동은 계속됐다. 그러는 동안 인구는 급증했고 농부들은 더 많은 식량을 생산하기 위해 더 많은 땅을 개간했다. 1946년에서 1963년 사이, 매년 평균 3000마일에 달하는 산울타리가 제거되었다.

1973년 영국이 UN에 가입한 뒤 농부들은 식량 생산에 대한 보상으로 보조금을 받았고, 이로 인해 쓸모없는 잉여 농산물이 불어나자 농지를 유지만 해도 보조금을 받았다. 2017년에는 약 2억 7300만 파운드, 우리 돈 4450억 원의 보조금이 이런 식으로 배분됐다. 수십 년간 농부들은 영국이 식량 생산에서 자급자족을 이뤄야 할 지속적인 필요가 있다는 점을 역설하며 보조금을 정당화했다. 비록 많은 경우가 UN의 보조금 덕에 겨우 지급 가능했던 것이지만 말이다. 이 시기에는 집약적 방식을 통해 수확량을 더 높이 끌어올리려는 쉼 없는 욕

망이 환경에 해를 끼칠지도 모른다는 점에 대해 최소한의 자각만 있었을 뿐이다. 이 널리 알려진 지혜에 의문을 제기한 소수의 농부들은 동료들에게 축출당하는 사태를 맞았다.

2000년 찰스 버렐은 잉글랜드 남부 넵Knepp에 위치한 1400헥타르의 사유지에서 10년 하고도 그 절반 동안 일궈 온 집약적 농업이 실패로 돌아갔음을 선언하고 난 뒤 깨달음을 얻었다. 버렐은 젖소에서 더 많은 우유를 얻어 내고 기름진 서식스 지역의 흙에서 수확량을 늘리기 위해 자동화된 사양飼養 방식, 최신식 콤바인, 다량의 비료와 살충제에 투자를 아끼지 않았다. 하지만 버렐이 농업에 종사했던 15년 중 13년 동안은 농장에 들어간 돈이 수입보다 많았고, 그는 농지에 150만 파운드를 초과로 끌어다 썼다. 2000년 2월, 버렐은 고용인들에게 농장 일을 접겠다고 말했다.

"농장 일꾼들은 …… 부루퉁한 얼굴로 고개를 저으며 사무실을 떠났다." 버렐의 부인 이사벨라 트리는 그들 부부의 농장 경험을 쓴 책《와일딩Wilding》에서 당시를 그렇게 회상했다. 하지만 농장 청산이 아무리 충격적이었다 해도, 농장을 생물 다양성이 존재하는 야생의 땅으로 전환하기 위해 공적 자금을 얻어 내겠다는 버렐의 결정, 그리고 관광과 유기농 육류로 수익을 내겠다는 그의 목표는 뭔가 단단히 잘못된 것처럼 보였다.

2001년 버렐은 사유지 내의 작은 구역에서 사업에 착수했고, 자금 조달이 이뤄지자 점차 면적을 확장해 갔다. 그는 땅을 경작하고 화학 물질을 살포하는 일을 중단했다. 내부 울타리를 제거해 야생 엑스무어 망아지와 탬워스 돼지가 구역 안으로 들어와 풀을 뜯어 먹고 먼 거리를 헤집고 다니도록 했다. 그러자 그것들이 뒤엎은 땅이 다른 동물들을 위한 서식지로 바뀌었다. 쇠똥구리는 구충제와 기생충 약을 먹이지 않은 롱혼 소가 남긴 맛있는 유기농 쇠똥에 뛰어들었고, 들쥐는 옛 체제하에서라면 청결을 도모하기 위해 베어 넘겨졌을 죽은 떡갈나무에 식민지를 개척했다. 2002년 여름, 지난 한 세대 동안 그 정도의 숫자로는 눈에 띈 적 없었던 벌노랑이와 큰솔나물 같은 멋진 이름의 야생화들이 꽃으로 몰려든 수많은 곤충과 더불어 올올이 이어져 있는 모습이 세상에 드러났다. 트리의 책에 따르면 "우리가 그리워하고 있는 줄도 몰랐던 광경"이었다.

넵에서 이루어진 것보다 훨씬 야심 찬 생태 복원 계획이 현재 유럽 전역에서 진행 중이다. 그러나 북부 포르투갈의 사실상 황폐화된 지역인 코아 밸리에서 복원 작업을 진행 중인 다국적 환경 보호 활동가들이, 혹은 인구 1000명의 스웨덴 라플란드에서 같은 작업을 하는 사람들이 직면한 난관이 무엇이건 간에, 인적이 드문 그 지역들엔 주민이 보이는 집단적 적개심 같은 것은 없다. 인구가 빽빽이 들어찬 서식스 윌드에서 진행되는 생태 복원은 훨씬 더 빽빽한 일이었다.

2003년 8월, 버렐은 자신의 프로젝트에 대한 지역 농부들의 마음을 바꿀 요량으로 그들을 넵에 초대했다. 그가 들판과 울타리를 관목과 습지대에 양도하자는 비전을 제시하자 말을 듣던 사람들은 분통을 터뜨렸다. "이웃들(과 이들의 가족 구성원들을 포함한 사람들)은 단순히 프로젝트가 자기들에게 맞지 않다고 생각한 것이 아니었다." 트리는 책에 다음과 같이 썼다. "그건 훨씬 더 감정적이고 본능적인 문제였다. ……그것은 자부심 넘치는 농부들의 노력에 대한 모욕이자, 토지를 부도덕하게 낭비하는 것이었으며, 영국적인 것에 대한 공격이었다."

2008년에 이르자 넵은 래그워트 같은 잡초로 뒤덮이게 됐다. 이 잡초의 선명한 노란색 꽃은 꽃가루 매개자들에게는 더할 나위 없이 좋지만, 가축이 과하게 들이켜면 죽을 수도 있다. 어떤 삐딱한 이는 지역 신문인 《웨스트 서식스 컨트리 타임즈West Sussex County Times》에 보낸 편지에서 넵을 비판하기 위해 우스꽝스러운 시를 지어냈다. "래그워트라는 수치, 역병처럼 퍼지누나. 누구 탓이려나?"

지난가을 폭우가 그친 뒤 넵을 방문했을 때, 예전에 경작지였던 곳은 어린 나무, 부풀어 오르는 산울타리, 개망초 줄기가 흠뻑 젖은 채 뒤죽박죽 펼쳐져 있는 곳으로 변해 있었고, 이런 식의 자연스러운 성장을 통해 넵의 탄소 포집 수용량은 큰 폭으로 증가했다. 2011년 버렐은 아두르강의 제방에서 자신의 사유지를 지나는 부분을 의도적으로 무너뜨렸다. 폭우가 내리고 나서도 무해하게 범람하는, 일종의 환경 적응형 벌판을 만들기 위해서였다.

버렐이 조성한 '홍수 벌판'과 그의 땅을 종횡으로 누비는 사람들이 만든 길은 정부가 '공공 재화'라 정의하는 것을 구성한다. 물질적 이익 없이 사회에 제공되는 서비스 말이다. 이는 넵의 생태 복원에 반대하는 지역 여론을 완화하는 데 상당한 도움이 되었다. 그러는 사이 넵의 야생 관광은 성공적인 사업 모델로 탈바꿈했고, 농장이었을 때보다 더 많은 사람을 고용하게 되었다. 봄철에 여기서 하룻밤을 보내는 사람들은 탁 트인 야외에서 장작으로 물을 데운 스웨덴식 편백 욕조에 몸을 푹 담그고 난 뒤, 나무 위에 지은 고급스러운 오두막에서 느긋이 뒹굴다가 나이팅게일이 제 짝에게 부르는 세레나데를 듣게 될지도 모른다. 이들은 넵에서 구입한 유기농 갈빗살을 들고 집으로 돌아가 탬워스를 자유롭게 달리던 기억을 되살릴 것이다. 트리의 책《와일딩》이 어쩌나 잘 팔렸는지 저자는 최근 BBC 라디오 프로그램 〈무인도 디스크Desert Island Discs〉에도 출연했는데, 이는 이 책이 조만간 국보급 지위에 오를지도 모른다는 징조다.

요즘 버렐은 전국 각지의 농부들로부터 그의 방식에 대해 질문을 받고 있다. 하지만 넵은 따라 하기 쉬운 사례가 아니다. 넵의 성공은 부분적으로는 그 장소가 갖고 있는 희소성과 귀족적인 매력에 기인한다. 어쨌거나 버렐은 낡은 성에 살고 있는 준準남작이니 말이다. 그와 상담하는 농부들이 반드시 생태 복원 쪽으로 마음을 바꾸는 것도 아니다. 버렐 본인의 말을 들어 보자. "이 사람들이 생태 복원을 좋아하지 않을 수도 있죠. 미래가 어떻게 될지 모르니 여기에 동참해야 한다는 압박을 받는 겁니다."

현재 야생화 재배와 홍수 위험 완화 등의 공공 재화를 공급하는 농부들은 농지 유지를 위해 받는 UN 보조금에 더해 UN 환경 보조금을 청구할 수도 있다. 다만 수령 비율은 들쑥날쑥하다. 2014년에서 2017년 사이 환경 관련 지출은 4억 8900만 파운드에서 3억 9900만 파운드로 감소했는데, 이는 농부들이 정부가 과도하게 규정을 따지며 일을 처리한다고 지적하는 상황을 반영한다.

잔인한 사실은 정부 정책이 지금보다 더 규정을 따질 예정이라는 점이다. UN 탈퇴로 인해 영국 정부는 자국 농업을 몇 년 동안 정체 상태로 유지해 줬던, 또 수많은 사람이 생계를 의존해 왔던 보조금 체계를 폐기하고 있다. 현재 의회에

상정된 농업 법안에 따르면 보조금은 공공 재화에만 지급될 것이다. 만약 농부가 그러한 공공 재화를 공급하지 않을 땐 본인의 생산물 판매로만 먹고살아야 한다. 영국의 대형 농업 회사에는 그것이 별문제 되지 않겠지만, 현재 파산을 막아 주는 유일한 수단이 연간 보조금인 소규모 가족 경영 사업자에게는 불가능한 이야기다.

그러다 보니 근심 걱정 가득한 농부들이 버렐의 집 문 앞에 줄을 서고 있는 형국이다. 어쩌면 냅에는 영국 농업의 실추된 이름을 회복시킬 비법이 있을지도 모른다. 더 솔직한 농부들은 자신들의 대중적 지위가 비참하게 추락했다는 사실을 인정하고 있다. 누군가 내게 한탄했듯이, 국가의 식량 창고를 채워 넣는 헌신적인 이들이자 지역 전통의 관리자였던 농부들은 날이 갈수록 '토지를 약탈하면서 공적 자금까지 편취하는' 사람들로 비치고 있다.

농업에 들이닥칠 변화

집약적 농업은 생산량을 끌어올리고 병충해를 퇴치하도록 설계된 방식이다. 비료, 살충제, 제초제, 살균제를 많이 사용할수록 수확도 늘어난다. 화학 물질을 사용하지 않았고 잡초가 들끓던 시절인 1940년대에, 버렐의 증조할아버지는 헥타르당 2톤의 밀만 수확해도 운이 좋은 편이었다. 오늘날 고수확

종자를 사용하는 농부들은 헥타르당 10톤의 밀 수확을 기대하곤 하는데, 보통은 살충제와 질산암모늄 비료를 사용하고, 농부들 사이에서 비호지킨 림프종을 일으키는 제품으로 알려진 제초제 '라운드업'도 드문드문 사용한다. 제품들의 발암성을 모른 척할 경우, 제대로 화학 물질을 쓰고 날씨까지 맞아떨어지면 놀라운 결과를 얻을 수 있다. 2015년 노섬벌랜드의 한 농부는 헥타르당 16.52톤을 수확했다고 발표했는데, 이 기록은 기네스북에 올랐다.

화학 물질은 수확량을 증대시키는 데 큰 역할을 하면서 1만 7000여 명에 달하는 영국 농부의 상당수를 충성 고객으로 확보했지만, 이것이 야기하는 장기적 환경 피해에 대한 인식도 점점 커지고 있다. 화학 물질을 다년간 반복적으로 사용할 경우, 뿌리에 물과 영양을 공급하는 작은 균근菌根뿐만 아니라 흙에 공기를 통하게 하고 배수 능력을 높이는 지렁이까지 죽게 된다.

이러한 화학 물질의 남용은 많은 동물에게 먹이와 거처를 제공해 주는 산울타리와 관목을 제거하는 광기와 맞물려 야생 생태에 치명적인 손실을 입혔다. 1970년 이후 영국에서는 40퍼센트 이상의 생물 종이 감소했고, 야생 동물의 7분의 1이 멸종 위기에 직면했다. 이는 전 세계 평균보다 더 심각한 수준이다.

더군다나 농업은 기후 변화에도 한몫한다. 영국에서 배출되는 온실가스의 10퍼센트는 농업으로부터 나온다. 소와 양이 뿜는 메탄, 비료가 생성하는 아산화질소, 탄소가 풍부한 토양 내부의 유기물이 경작 과정에서 산화하면서 방출하는 이산화탄소 등이다.

영국 정부에 농업 정책을 조언하는 옥스퍼드대학교 경제학자 디터 헬름에게 지도를 받은 주류 정치인들은 영국 농업의 자애로운 이미지에 분명한 회의감을 품게 됐다. 지난해 헬름은 "영국 농업 전체에 닥친 재앙의 전체적인 규모"를 파악해야 한다고 촉구하면서 "어떤 경제 활동도 이렇게 왜곡된 인센티브 제도를 갖추거나 실제 드는 비용에 비해 이토록 적은 가치를 생산하지 않는다."라고 덧붙인 바 있다.

심지어 시인 윌리엄 워즈워스가 전원의 풍요로움을 상징한다며 찬양한 목양마저도 이제는 환경 재앙의 일부로 치부된다. 작가이자 활동가인 조지 몽비오George Monbiot 같은 이는 양떼로 만신창이가 된 영국의 언덕이 기댈 수 있는 유일한 희망은 언덕에 다시 나무를 심고 반추 동물을 모두 치워 버리는 것뿐이라 주장한다.

회의주의로 개종한 이들 중에는 테레사 메이 정부에서 환경부 장관을 지내고 현재 하원이 검토 중인 농업 법안의 초안을 작성하는 데 큰 역할을 했던 마이클 고브도 있다. 전국농

민연합조차 2040년까지 탄소 중립을 이루겠다고 회원들에게 약속하는 실정이다. 그 목표를 실현하려면 아직까지 개발되지 않은 탄소 포집 기술을 활용해야 하지만 말이다.

농업 법안은 고브가 만든 또 다른 자식인 환경 법안 옆에 편안히 누워 있는데, 지난 1월 의회에서 첫 번째 독회가 이루어진 이 환경 법안은 이른바 '오염자 비용 부담' 원칙을 고이 간직하게 될 것이다. 이 원칙에 따르면 오염을 야기하는 산업은 원천적으로 불이익을 얻는다. 강으로 흘러가는 화학 물질을 사용하는 농부들은 더 이상 생수 회사와 수산업 분야가 청구서를 대신 처리해 주리라 기대할 수 없게 되었다. 화학 물질 사용은 실제 사용 시 배출되는 온실가스와 그로 인해 생긴 오염물을 제거하는 비용에 의거해 가격이 매겨질 것이다. 다만 '비용의 범위를 어디까지 잡아야 하나?'라는 곤란한 질문은 아직 해결되지 않은 상황이다.

농업에 들이닥칠 변화는 간단한 경제 용어로도 요약할 수 있다. 집약적 농업은 연간 배당, 즉 풍작에 우선순위를 두는 반면에 새로운 접근법은 초기 자본, 즉 토지 보존에 방점을 찍는다. 이 새로운 투자 우선순위가 영국 농업에 어떤 영향을 끼칠지 일별하고자 한다면 이미 다양한 수준에서 이러한 접근법을 자신들의 것으로 만든 진보주의자들을 찾아가 보는 것만으로도 충분하다.

생태 복원의 불편한 진실

지난 9월의 어느 오후, 존과 폴 체리 형제가 자신들이 소유한 하트퍼드서 농장으로 나를 초대했다. 손상된 토양을 어떻게 살렸는지 보여 주기 위해서였다. 10년 전까지만 해도 두 형제는 매년 가을마다 생기 없는 점토판 같은 흙을 뒤집어엎곤 했다. 파종을 시작하기 전에 트랙터용 써레로 흙을 분쇄해야만 했기 때문이다. 그런 다음에는 내키지 않아 하는 밀을 구슬려 수확하기 위해 땅에다 화학 물질을 흠뻑 부어 대곤 했다. "마치 자연과 전투를 치르는 것 같았어요." 폴이 말했다.

1990년대 미국 중서부의 혁신가들에 이어 소수의 영국 농부들이 유기농으로 방향을 돌리거나, 파종상播種床을 만들기 위해 토양을 경작하는 일을 중단했다. 이들은 이를 '무경운 농법no-tillers'이라 일컬었다. 2010년 체리 형제가 이들을 따라했다. 형제는 토양의 부식을 줄이고 겨울 동안 탄소를 가두어 두기 위해 클로버와 같은 지피 작물을 심었고, 화학 물질 사용을 줄였다. "그러고 나니까 자연이 우리에게 해주는 게 확 다가오는 거예요." 존이 그렇게 말하며 내 손에 곱게 부서진 흙을 경건하게 붓고는 잠시 뜸을 들인 뒤 흙 속에 있던 '사랑스러운' 지렁이를 가리켰다. "이 흙은 강우림의 축소판입니다." 그가 이어 말했다. "지구 인구보다 더 많은 생명체가 이 흙 속에 들어 있어요. 서로의 먹이가 되고 식물의 뿌리와 상호

작용하는 박테리아와 원생동물이 가득하죠."

체리 형제에게 토양의 건강에 관해 이야기를 듣고 난 뒤, 나는 펜스를 향해 북쪽으로 떠났다. 펜스는 잉글랜드 동쪽에 위치한 40만 헥타르의 저지대 해안 평지로, 면적 중 단 4퍼센트를 차지하는 농지에서 전국 농업 생산량의 7퍼센트가 수확된다. 나무가 거의 없는 평평한 풍경이 펼쳐진 이 평야의 상당 부분은 18세기와 19세기에 바다를 매립·개간해 만들어졌고, 현재는 제방, 물길, 배수구와 잔물결로 이루어진 거대한 시스템에 의해 보호받고 있다. 이곳은 톰 클라크라는 농부의 고향이기도 하다.

클라크는 일리 대성당의 그림자가 드리워진 어두운 토탄흙땅에 서서 이웃의 벌판을 가리켰다. 쟁기질을 당한 벌판은 두 집의 사유 재산을 가르고 있는 제방까지 벌거벗겨져 있었다. 반면 클라크의 땅에서 특징적인 것은 10미터 간격을 두고 늘어선 먹이용 무와 야생화였는데, 이는 벌들에게는 꽃가루를 공급하고, 집약적 농업에 식량원을 탈취당한 회색 자고새와 멧새를 위해서는 씨를 뿌린다는 두 가지 목적을 결합한 것이다. 클라크가 어린아이였을 때 그의 아버지는 똑같은 땅에 집약적 농업 방식을 적용해 농사를 지었다. 당시 눈에 띄는 야생 동물이라고는 토끼 수천 마리뿐이었다.

엘리에서 남동쪽으로 운전한 나는 서포크의 한 농장에

도착했다. 그 농장에서 브라이언과 패트릭 바커는 자신들이 '오염자 비용 부담' 법안의 도입을 어떻게 준비하고 있는지 보여 줬다. 두 사촌 형제가 소유한 밭 중 한 곳이 두 부분으로 길쭉하게 나뉘어 있었는데, 첫 번째 밭은 수확이 끝나 휑했고 두 번째 밭에는 파켈리아, 호밀, 무가 심어진 상태였다. 겨울 동안 땅에 남는 이 '포착 작물'은 작년에 수확한 작물의 뿌리에서 남은 칼륨과 질산염을 포획해 인근 하천의 오염을 막는다. 시험 기간이 끝나면 두 땅뙈기에서 흘러나온 지표수를 비교해 포착 식물의 효과를 측정할 예정이다. 정부의 새로운 보조금 제도하에서 환경 보존주의와 경제는 완벽하게 일치할 것이다. 이론상으로는 말이다.

바커 가족은 가축들을 경작지로 데려와 천연 비료를 공급하기 시작했는데, 이는 '혼합mixed' 농법이라는 옛 방식을 인정한다는 의미다. 과거 농부들은 이 농법으로 작물과 가축을 길렀으나 집약적 방식이 등장하면서 인기를 잃었었다. 브라이언은 콤바인을 조작하면서 밭을 도는 동안 이사벨라 트리의 책《와일딩》을 오디오북으로 두 번이나 들었다고 내게 말했다. 책은 흥미로웠지만 "세상 모든 곳이 넵 같았다면 어떤 야생 동물은 많아졌겠지만, 또 어떤 야생 동물은 별로 많지 않았을 겁니다."

이 기사를 쓰기 위해 취재하며 얘기를 나눈 영국 농부

들은 하나같이 버렐이 넵에서 이룬 일에 대해 나름의 의견을 가지고 있었다. 설사 그 의견이 버렐의 사업이 생색내기용이고 비생산적이라는 혹평이라 해도 말이다. 환경 친화적 복원 사업에는 여전히 만만찮은 수의 반대파가 있고, 여기에는 옛 방식의 집약적 농법을 고수하는 농부와 종자를 개량하고 화학 물질을 만드는 농업 관련 사업가, 그리고 일부 식물학자까지 포함돼 있다. 그들의 관점에서는 제아무리 많은 벌과 멧새가 있어도, 이를 능가하는 불편한 진실이 존재한다. 그 진실이란 전 세계적으로 닥쳐오는 식량 부족 사태다.

2009년 UN 식량농업기구는 세계 인구가 2050년까지 현재보다 34퍼센트 증가해 91억 명에 이를 것이라고 전망했다. 이에 더해 "더욱 크고 더욱 도시화하며 더욱 부유해진 이 인구 집단을 먹여 살리기 위해서는 식량 생산이 …… 70퍼센트 증가해야 한다."라고 경고했다. 현 상태의 사업 방식을 옹호하는 사람들은 UN의 예측에 비추어 볼 때 농지를 공공 재화로 전환할 경우 엄청난 생산량 부족이 초래될 것이며, 해결책은 더 많은 식량을 재배하는 것이라고 주장한다.

영국에서 가장 큰 농업 기업 몇 곳이 자금을 지원하는 연구 기관인 국립농업식물연구소NIAB의 기술 담당자 빌 클라크에게 이는 수확량 증가를 의미한다. 클라크가 보기에 토양이 생산적이어야 하는가, 아니면 건강해야 하는가에 대한 논쟁은 '사람들을 먹일 수 있느냐, 그럴 수 없느냐'라는 근본적인 선택에서 주의를 돌리는 짓이다. "수확량이 오르지 않으면," 캠브리지에 있는 NIAB 본부에서 클라크가 내게 말했다. "북아프리카의 사람들이 생존에 필요한 밀을 못 구하는 건 단순히 돈이 없어서가 아니게 됩니다. 밀 자체가 아예 없어질 테니까요." 북아프리카는 유럽 농부들의 주요 수출 시장이다.

클라크에게 유감스러운 사실은, 영국과 유럽의 나머지 지역이 세계에 더 많은 식량을 수출하기 위해 생산성을 크게 끌어올릴 필요가 있었던 바로 그 시점에, 클라크의 말을 빌자면 "기술이 무작정 나쁘다고 하는 비합리적 독단" 때문에 생산량이 정체되고 말았다는 점이다.

클라크는 과학이 인간의 운명을 개선한다고 믿는 사람이다. 그가 보기에 우리는 기술의 진보에 너무 심드렁해진 나머지 과학이 수많은 사람을 기아에서 구해 냈다는 사실을 간과하고 있다. 그는 1950년대에 고도로 비옥한 일본 밀 종자와 유럽 종자를 교배해 이룬 혁명에 관해 경외심을 담아 말했다. "크기는 반으로 줄고 수확량은 두 배가 되었죠." NIAB의 생육상生育箱에서는 최신의 기적을 볼 수 있다. 귀리 유전자를 사용해 마름병이라 알려진 뿌리 질병에 면역력을 갖도록 개량한 밀 품종이 그것이다. 이 새로운 변종은 질병에 걸릴 염려 없이 같은 땅에 몇 년씩 연속하여 파종될 수 있다. 마름병을 피하는 방법으로 전해지는 전통적인 관행은 서로 다른 밀 종자를 번갈아 심는 것이었는데 이는 자연스럽게 밀 생산 총량을 떨어뜨린다.

하지만 NIAB의 새로운 수확량 증대 기법은 판로가 없다. 유전자 조작GM 작물에 대한 UN의 적개심 때문이다. 이 적개심은 네오니코티노이드 살충제를 포함해 점점 그 수가 증가하고 있는 화학 약품에 대한 적대감으로 확산 중이다. UN의 네오니코티노이드 사용 금지 조치로 인해 유채씨 수확량은 폭락했다. 클라크가 말했다. "만약 그 환경 운동가들이 요구하는 대로 농사 방정식에서 살진균제를 뺀다면, 밀 수확량은 20~30퍼센트까지 감소할 겁니다. 사람들이 정말 원하는 게 그걸까요?"

특정 분야의 농부들은 새로운 농업 법안의 영향을 크게 받지 않을 가능성이 있다. 여전히 규모의 경제와 화학 약품에 의해 파괴되지 않은, 자연적으로 비옥한 토양이 결합하는 곳에서는 집약적 농업이 계속 높은 수익을 낸다.

마이클 슬라이의 집안은 잉글랜드 내전 이래 피터버러 근방의 작은 마을 소니에서 쭉 농사를 지어 왔다. 그들은 토지를 사고팔면서 슬라이가 설립한 시설인 파크 팜Park Farm을 현재의 1600헥타르 규모로 키웠다. 슬라이가 추수 감사제에 주관하는 연례 봉사인 6월 주말의 농장 개방 행사에는 수천 명이 파크 팜을 방문한다. 그는 또한 지역 역사 협회 회장으로도 활동하고 있다. 하지만 둘 중 무엇을 하든 그가 진정 즐기는 것은 본인의 표현을 빌자면 '대규모 상업 경작 농부'라는 자신의 지위다. 벌과 새를 위한 공간을 따로 챙겨 준 것을 자랑스러워하긴 해도 슬라이의 임무는 환경 서비스가 아니다. 식량 재배다.

슬라이의 직업적 비전을 정의하는 것은 지평선까지 뻗어 있는 거대한 사탕무 밭, 수만 파운드씩 나가는 최신식 트랙터와 파종기와 콤바인, 위타빅스와 미니 체더스 같은 전국적 브랜드와 맺은 최고급 밀 공급 계약이다. 그가 보기에 야생 생태 같은 건 몇 퍼센트의 일부 부유층에만 해당하는 문제다. 내가 방문했을 당시에 곡물로 가득 차 있던 2000톤 규모의 번쩍거리는 신축 저장 창고는 마치 거대 시장에 바치는 찬양과도 같았다.

슬라이는 지피 작물 사용이나 무경운 농법처럼 생산량이 줄어들 수 있고 상업성도 입증되지 않은 기술에 집중하기를 거부한다. 토양에서 꿈틀거리고 있는 벌레들에도 불구하고 체리 형제의 영농 방식은 손실을 보는 중이며, 보조금 개혁이 시작되기 전까지 그 상태로 머물러 있을 공산이 크다. 슬라이가 우려하는 것은 영국 정부가 UN을 일단 떠나고 나면 네오니코티노이드나 유전자 조작을 이용한 수입 농산물에 대한 관세를 철폐하고, 그로 인해 자국 농부들의 힘이 빠질 것이라는 사실이다. 영국은 이미 식량의 절반을 수입하고 있다. 네오니코티노이드 살충제 금지 조치 이후 유채씨 생산량이 폭락하자 영국은 똑같이 네오니코티노이드 살충제를 사용해 생산한 캐나다산 유채씨 기름을 수입함으로써 부족분을 메웠다.

식량 수입 증가는 슬라이의 근심을 키우고 있다. 그는 정부가 공공 재화 확충이라는, 사람들 배를 채우는 데는 쓸모 없으면서도 한창 유행 중인 '포교 행위'에 완전히 굴복할 준비를 하고 있다고 본다. 영국이 현재 자국 농업 수요의 30퍼센트를 공급받고 있는 UN에서 탈퇴하는 과정을 밟는 현 상황에서, 슬라이는 식품 안전에 대한 관심이 인색하다는 사실에, 만약 세계적인 식량 위기가 닥칠 경우 스스로 먹여 살릴 수 있는 국가가 되어야 한다는 자랑스러운, 하지만 현재로서는 불가능한 이상에 대한 관심이 빈약하다는 점에 분노를 감추지 않는다. 그가 말했다. "만약 영국이 특정 농산물을 계속 생산하고 싶다면, 지금 제안되는 시스템은 그 목표와 절대 양립할 수 없을 겁니다. 우리가 원하는 것이 조금 투입해서 조금 거두는 농부인지, 많이 투입해서 많이 거두는 농부인지 자문해 봐야 해요. 중간은 없습니다."

농업 혁명의 치명적 아이러니

UN이 예견하는 식량 부족을 완화할 확실한 방법은 덜 버리는 것이다. 수십 년 동안 풍족함을 누려 온 세계의 일부 지역에서는 매년 생산되는 식량의 3분의 1에 해당하는 13억 톤가량을 폐기 처리한다. 1960년대까지 일반적인 영국 가정 예산에서 음식 소비가 차지하는 비중은 30퍼센트를 상회했는데, 현재는 10퍼센트 아래까지 떨어졌다. 영국은 싱가포르와 미국 다음으로 세계 어느 나라보다 장바구니 물가가 싸다. 사람들이 상품을 무척 가벼운 마음으로 사고 있으니, 상품을 생산하느라 투입된 자연 자원과 인간의 독창성에 대한 고려 없이 다량으로 버려지는 것도 놀랄 일이 아니다.

슈퍼마켓을 돌아다니는 쇼핑객 사이에서 눈에 띄는 동요가 전혀 감지되지 않는다면, 이는 식량 부족에 대한 전망이 현재의 풍요와 너무도 동떨어져 보이기 때문이다. 이사벨라 트리는 더 많은 식량을 생산해야 한다는 "소매업자, 농업 관련 사업가, 농민 조합"의 요구와 "보조금과 과잉 생산으로 인해 상품 가격이 하락하면서 …… 폐업한 우리 같은 농부들의 경험"을 대조한다. 좌우 어느 쪽 정부도 식품 절약을 독려할 수 있는 부가 가치세 부과 같은 조치를 선뜻 고려하지 않고 있다.

개량된 유전자와 곡물 성장 촉진제의 사용을 둘러싼 논

쟁이 지속되는 동안 과학 기술은 식량 생산에서 완전히 새로운 방향을 열어젖히고 있고, 이는 농장에서 농사일을 제거하게 될 것이다. 로봇과 드론은 인간이 농지에 있어야 할 이유를 없애고 있으며, 한편에서는 LED 조명과 유전자 편집, 특정 효소나 단백질을 처리하는 기법인 메타제닉스를 이용해 온실에서 작물을 재배하는 수직 농법이 식량에 대한 새로운 정의를 제시하고 있다. 싱크탱크인 리싱크X가 최근 내놓은 보고서에 따르면, 향후 15년 안에 생물 반응기에서 동물 세포로 키워낸 육류가 미국의 거대 소고기 산업을 파산시키는 동시에 사료용 콩과 옥수수의 재배 필요성을 없애 버릴 것이라고 한다. 보고서는 2035년이 되면 미 대륙 면적의 4분의 1에 해당하는 재배 지역이 "다른 용도로 쓰일 수 있게 풀려날 것"으로 예측한다.

비록 브라질과 파라과이 같은 남미 국가들이 부분적으로 열대 우림을 파괴함으로써 2018년에서 2027년 사이 세계 농업 재고에 1100만 헥타르의 토지를 추가할 것으로 전망되지만, 선진국에서 농업이 차지하는 공간은 이미 줄어들고 있다. 또한 미네소타 대학의 최근 연구에 따르면 현재 농지로 전환된 토지보다 농업이 중단된 토지가 더 많다. 이미 의회가 들은 바와 같이, 많은 농부들이 은퇴할 때 세대교체가 이루어지지 않고 있다. 런던에서 살던 어린 시절, 나는 캐나다 대초원

지대에서 농가의 딸로 자란 어머니가 해주시는 이야기를 들었다. 당시에 라운드업 같은 제초제는 없었지만, 나는 어머니와 당신의 형제자매들이 겨자 밭에서 잡초를 뽑기 위해 짝지어 허리를 굽힐 때 그 일에 감사했으리라 확신한다. 뼛속까지 도시인인 내 자녀들에게 할머니의 성장기는 이해하기 어려울 것이 틀림없다. 대부분의 영국인들 상상력에서조차도 농업은 후퇴하는 중이다.

많은 농부들이 미래가 혼란스럽고 걱정스럽다고 고백하는 건 그리 놀랄 일이 아니다. 보조금에 적용되는 새로운 조치는 7년에 걸친 단계적 도입 기간을 갖게 되는데, 이 기간이 끝날 때까지 적응하지 못한 일부 영세 농가는 파산할 것이다. 보조금에 의존하지 않는 거대 집약적 농가가 영세 농민의 땅을 삼키는 것을 막을 방법은 무엇일까? 또 어떤 사람들은 공공 재화가 세워 놓은 굴렁쇠를 요리조리 통과하기보다는 자신들의 토지를 겨울잠쥐와 황금방울새가 그리 선호하지 않을 사업들, 이를테면 고카트 경주나 모터바이크 스크램블링 업체, 그도 아니면 택배 물류업체에 넘길 수도 있다.

내가 사람들을 만나며 반복적으로 느꼈던 감정은 대략 다음과 같은 흐름이었다. 농부들은 사회가 그들에게 원하는 일이라면 무엇이든 하게 될 것이다. 하지만 그렇다 해도 돈 계산(즉 보조금, 또는 시장 원리)은 정확해야 한다.

설사 리싱크X의 보고서에 들어 있는 주장이 과도하게 부풀려진 것이라 해도, 그 보고서에서 개괄적으로 그려낸 변화는 가능할뿐더러 바람직하기도 하다. 지난가을, 나는 물류 창고를 개조해 만든 런던 킹스 크로스의 한 레스토랑에서 토니 주피터를 만났다. 주피터는 자연 환경 문제에 대한 정부 수석 고문이자 환경 단체 '지구의 벗Friends of the Earth'의 전 대표다. 그는 농부들에게 늦서리보다 LED 전구 사용료가 더 중요해지고, 런던 사람들이 생태 복원된 그린벨트에서 스라소니, 비버와 더불어 주말을 보내는 것을 대수롭지 않게 여기는 미래를 내게 보여 줬다.

영국의 농업 공동체는 공적 영향력이 거의 다 기울어가는 소수 집단으로, 과학 기술이 먹고살기 위해 진흙에서 구르는 사람들을 불필요하게 만들어 지금보다 더 쪼그라들 운명이다. 농업에서 일어나는 혁명의 치명적인 아이러니는, 한때 영국산 황금빛 밀을 담은 마대 자루가 쌓이고 또 쌓였던 건물에 앉아 있던 주피터에 따르면, "살아남아 그 혁명을 볼 농부들이 없을 수도 있다는 점"이다.

저자 제이콥 미카노프스키(Jacob Mikanowski)는 미국 캘리포니아주 버클리 지역에서 활동하는 프리랜서 저널리스트이자 비평가이다.

역자 최민우는 한국예술종합학교에서 서사 창작을 공부했고, 현재 소설을 쓰면서 번역을 한다. 단편집과 장편 소설을 발표했으며《오베라는 남자》,《폭스 파이어》,《쓰지 않으면 사라지는 것들》등을 번역했다.

차원이 다른 손실

여섯 번째 멸종

지구는 터무니없이 터질 듯 넘쳐나는 생명체로 가득 차 있다. 최초의 미생물이 나타난 뒤로 40억 년, 지상에 최초의 생명이 출현하고 나서 4억 년, 인간이 이 행성에 등장하고 나서 20만 년, 신이 노아에게 지상의 모든 네발짐승을 한 쌍씩 모으라 명하고 난 뒤 약 5000년, 우리가 세상의 생물을 체계적으로 범주화하기 시작한 지 200년이 지난 현재도 새로운 생물 종이 수없이 발견되고 있다.

분류학자들은 이처럼 계속해서 불어나는 생물을 기록하는 임무를 맡고 있다. 2017년 11월 첫째 주는 분류학자들의 체계적인 세계에서 평소와 다를 바 없는 한 주처럼 보였다. 바꿔 말해 매우 특별했다는 의미다. 마다가스카르에서 딱정벌레 95종이 새로 발견됐기 때문이다. 그러나 이것은 시작에 불과했다. 그 한 주 사이에 남미 전역에서 소형 나방류 7종이 발견됐다. 에콰도르에서는 초소형 거미 10종이 발견됐고, 남아프리카 은둔 거미도 7종이 나타났다. 이 거미들에게는 모두 독이 있었다. 브라질에서는 동굴에 서식하는 갑각류가 발견됐고, 땅 밑에 서식하는 집게벌레도 7종 발견됐다. 4종의 중국 바퀴벌레가 새로 관찰됐으며 일본에서는 야행성 해파리가 나타났다. 캄보디아에서는 푸른 눈 실잠자리가 발견됐다. 대양 밑바닥에서 발견된 13종의 갯지렁이 중 어떤 것은 둥근 모양이었고, 어떤 것은 털이 수북했는데 하나같이 생김새가 흉측했다. 조지아주에서 로드킬을 당한 새의 깃털에서는 북아메리카 진드기 8종이 채취됐다. 버뮤다에서 3종의 긴가지 해송이 발견됐으며, 새로운 안데스 개구리를 발견한 사람들은 개구리의 밝은 오렌지색 눈에서 잉카의 태양신 인티Inti를 떠올렸다.

현재까지 과학자들이 밝혀낸 식물, 동물, 균류는 대략 200만 종이다. 발견할 수 있는 것이 얼마나 더 남아 있는지는 아무도 모른다. 누구는 대략 200만 종쯤일 거라고, 또 다른 이들은 1억 종이 넘을 거라고 말한다. 지구가 품고 있는 생물 다양성의 진정한 규모는 과학계에서 가장 거대하고 난해한 문제 중 하나다. 이 문제를 당장 해결할 수 있는 확실한 방안이나 산출 방법 같은 건 없다. 그저 또 다른 딱정벌레와 또 다른 파리를 차근차근 발견하고 관찰하면서 끝을 알 수 없는 목표를 향해 하나둘 결과를 쌓아 올릴 뿐이다.

하지만 매년 수천 종의 생물이 새로 발견되는 동시에 한쪽에서는 수천 이상의 생물 종이 '여섯 번째 멸종'이라 알려진 환경 재앙에 휩쓸려 소멸하고 있는 듯 보인다. 역사상 지금까지 이런 종류의 재앙은 모두 다섯 번 일어났다. 이 중 가장 유명한 최근의 재앙은 백악기 말기의 멸종이다. 6600만 년 전 일어난 이 사건으로 인해 공룡이 멸종했다. 그보다 전에 일어난 최악의 파괴적인 멸종은 백악기 대멸종보다 1억 9000만 년 전인 페름기에 일어났는데, 이 사건은 지구상에 공룡이 출현할 수 있는 길을 닦아 주었다.

우리가 정말로 여섯 번째 멸종의 한복판에 있는지 알기 위해서 과학자들은 현재 생물 종들이 사라지고 있는 속도와 인간의 개입이 없을 때 그 종들이 사라지는 속도 둘 다를 규명해야 한다. 후자를 '배경 멸종률'이라고 한다. 2015년 미국과 멕시코의 과학자들로 구성된 한 연구팀은 현재까지 알려진 모든 척추동물의 통계를 활용해 동물 종은 인간의 개입으로 최대 100배까지 빠르게 멸종이 진행되고 있다고 주장했다. 이는 공룡을 앗아간 것과 같은 멸종 속도다.

하지만 저명한 열대 곤충학자인 테리 어윈Terry Erwin은 이 여섯 번째 멸종에 대한 추정을 두고 "생물학적 다양성의 아주 작은 부분에 편향된 것"이라고 지적했다. 무척추동물, 즉 괄태충, 게, 벌레, 달팽이, 거미, 문어, 그리고 무엇보다 동물 종의 상당수를 구성하고 있는 곤충과 관련한 문제에 대해서는 그저 막연히 짐작만 하고 있을 뿐이라는 것이다. 어윈은 "환경 보호론자들이 자기가 할 수 있는 일을 하고는 있죠. 곤충에 대한 데이터는 전혀 없이 말이에요."라고 말했다.

전 세계에 걸쳐 현재 생물학적 다양성이 어떤 상태에 처해 있는지 정확하게 알기 위해서는 생태학자들이 무척추동물에 더 많은 관심을 기울여야 한다. 그와 동시에 '껴안고 싶은 귀여운 동물'에 쓰는 시간을 줄여야 한다. 껴안고 싶은 귀여운 동물은 척추동물을 가리키는 어원의 표현이다. 고릴라와 혹등고래의 경이로움에 대해서만 몇 년 내내 듣다 보면 견실한 곤충 연구자들은 분개할 것이다. 어쨌거나, 곤충들은 전세계 인구보다 훨씬, 정말 훨씬 더 많다.

우리가 사는 곤충 세계

인간은 무척추동물의 세계에 살고 있다. 우리가 알고 있는 모든 동물 종 가운데 척추가 있는 것은 5퍼센트도 채 안 된다. 약 70퍼센트가 곤충이다. 포유류는 전체 동물 200마리당 한 마리에도 못 미치고, 그 안에서도 설치류가 차지하는 비중이 압도적이다. 종의 다양성이라는 관점에서 우리 포유류는 딱정벌레로 가득 찬 세상에 사는 한 줌의 쥐 떼에 불과하다. 그 딱정벌레의 대다수는 열대 지역에서 자생하는 초식 곤충이다. 따라서 만약 우리가 지구에 존재하는 다양한 생명의 총체를 정말로 이해하고 싶다면, 또 그것들이 사라져 가는 속도를 진짜로 알고 싶다면, 얼마나 많은 종류의 딱정벌레가 온갖 종류의 열대 나무를 우적우적 씹어 먹고 있는지 알아야 한다.

하지만 생물의 종수를 세기 전에 우선 그것들에 이름을 붙여 줘야 한다. 바로 이때 분류학자들이 등장한다. '종'이라는 개념은 정의하기 어렵기로 생물학자들에게 악명이 높다. 특히나 유기체들은 대체로 연속체상에 존재하므로, 유기체들이 연속체 위에서 서로 가까이 붙어 있을수록 그것들을 구별하기도 점점 힘들어진다. 종에 대해 가장 널리 받아들여지는 정의는 진화 생물학자 에른스트 마이어Ernst Mayr가 내린 것이다. 그는 종을 "자기들끼리는 번식하지만 다른 종과는 번식하지 않는, 적어도 그런 일이 자연스럽게 벌어지지 않는 동물 집단"으로 정의했다. 만약 얼룩말과 당나귀를 억지로 교배시켜 '얼룩 당나귀'를 만든다면 이는 잡종을 창조한 것이겠지만 얼룩말과 당나귀가 서로 다른 종이라는 사실을 논박하지는 못한다. 왜냐하면 자연에서는 보통 그와 같은 교배가 이뤄지지 않기 때문이다.

분류학자들은 단지 개별 종의 이름만 짓는 게 아니라 종들이 서로 어떤 연관을 맺고 있는지도 파악해야 한다. 몇 세기 동안 과학자들은 지구상의 생물들을 일관성 있는 체계에 끼워 맞추려고 노력해 왔지만, 결과가 그렇게 깔끔하지는 않았다. 아리스토텔레스는 모든 생명의 형태를 그것들이 가지고 있는 본질적인 속성, 특히 움직이는 방식에 근거해 분류하고자 했다. 따라서 아리스토텔레스에게 가장 큰 골칫거리는 정주형 동물, 즉 일정 장소에 자리를 잡고 사는 동물이었다. 그는 레스보스섬에서 많은 시간을 보내며 말미잘과 해면동물이 동물인지, 식물인지, 아니면 식물 같은 동물인지 심사숙고했던 듯하다.

분류학의 혁명은 18세기 계몽주의 시대에 일어났다. 그 혁명은 사실상 한 사람, 생물학의 아이작 뉴턴으로 칭송받는 카를 린네Carl Linnaeus의 업적이었다. 린네는 그런 지위에 오를 만한 괴짜였으며, 식물의 성性적 특성을 달달 외우는 천부적인 재주를 가진 영민하고 완고하며 과시적이고 자기중심적인 인물이었다. 그는 스웨덴 북부 라플란드로 한 번 중요한 원정을 떠난 적이 있긴 했지만, 보통은 다른 이들의 발견에 의존했다. 그에게 영감을 받은 열일곱 명의 '사도'들이 린네의 체계를 완성할 수 있는 표본을 찾아 전 세계를 탐험했다. 그중 일곱은 끝내 돌아오지 못했다. 사도들이 모아온 표본에 근거하여, 린네는 7700종의 식물과 4400종의 동물을 명명했다.

후대의 생물학자들은 린네의 분류 체계에서 흠잡을 만한 부분을 여럿 발견했다. 예를 들어 그는 고슴도치와 박쥐를 '흉포한 짐승'으로 함께 묶었고, 뾰족뒤쥐와 하마를 '짐 나르는 짐승'으로 한데 묶었다. 린네가 성취한 불변의 업적은 동물들을 묶을 수 있는 분류군을 만든 것이 아니라 그 이후에 발견되는 모든 종을 명명할 수 있는 체계를 창안했다는 데 있었다. 그는 모든 생물 종에는 두 부분으로 이루어져 있는 이름을 붙여야 한다고 정했다. 이를 이명법二名法이라 한다. 이름의 첫 번째 부분은 해당 종이 속해 있는 속屬을 가리키고, 두 번째 부분은 그 종의 이름이다.

이명법은 명명과 분류를 동시에 할 수 있는 뛰어나고 효율적인 체계다. 이 방법을 사용하면 우리 '호모 사피엔스'는 우리가 진화상의 친척인 '호모 에렉투스'와 '호모 하빌리스'와 관계가 있으면서도 동시에 구별된다는 사실을 단번에 알아차릴 수 있다. 또한 이 명명법은 분류학자들에게는 재치의 보고라고 할 수 있다. '부쉬bushi', '오바마이obamai', 아주 독특한 머리 모양을 한 나방인 '도널드트럼피donaldtrumpi' 같은 이름은 확실히 신문 헤드라인을 장식하게 된다. 그보다는 덜 자주 일어나는 일이긴 하지만 종의 학명이 정치 문제나 최근의 사건을 언급하는 경우도 있다. 브라질에서 발견된 하루살이에 '트라제디아tragediae'라는 종명이 붙은 적이 있었다. 이는 2015년에 일어난 비극적인 댐 붕괴를 기리기 위한 것이었다. 분류학자들은 가끔 말장난을 하거나 운율을 맞추기도 한다. 갯민숭달팽이라고 하는 나새류裸鰓類 전문가인 테리 고슬리너Terry Gosliner가 한번은 투룬나 속에 해당하는 종에 '카후나'라는 이름을 붙인 적이 있다. 그래야 '투룬나 카후나'라는 말을 만들 수 있기 때문이었다.

고슬리너가 처음으로 갯민숭달팽이를 발견한 건 고등학교 재학 시절이었다. 그 이후 그는 갯민숭달팽이를 찾아 전 세계를 돌아다녔다. 40년에 달하는 경력을 쌓는 동안 300종 이상의 갯민숭달팽이에게 학명을 붙였다. 산호초에 서식하는 다른 동물들과 마찬가지로 나새류도 해수 온도 상승에 특히 민감하다. 몇몇 과학자들은 기후 변화와 해양 산성화로 인해 앞으로 50년에서 100년 사이에 산호초가 완전히 사라질 것으로 예측한다. 고슬리너는 그보다는 약간 낙관적으로 본다. 스트레스에서 탄력적으로 회복하는 산호초의 능력을 신뢰하기 때문이다. 그러나 바다에서 산호초가 위험에 처해 있다면, 육지에서는 곤충에 더 큰 위기가 들이닥치고 있다. 이는 곤충학자들이 이제야 겨우 붙들고 씨름하기 시작한, 전혀 다른 차원의 위기다.

대멸종의 가능성

곤충학자들은 곤충의 대멸종이라는 끔찍한 가능성을 생각하기에 앞서 곤충 다양성의 진정한 규모를 파악하는 작업을 먼저 마주해야 한다. 그들은 지금도 이 문제로 씨름하는 중이다. 하지만 많은 곤충학자에게 이 문제의 돌파구가 생긴 순간은 1982년, 테리 어윈이라는 젊은 딱정벌레 전문가가 한 편의 짧은 논문을 발표하면서다.

어윈은 자기가 일하고 있는 파나마 열대 다우림에서 일정 넓이의 토지에 얼마나 많은 곤충 종이 서식하는지 알아내고 싶었다. 이를 위해 그는 시트 작업을 한 나무에 나뭇잎 청소 기구와 비슷하게 생긴 도구로 살충제를 뿌렸다. 몇 시간 정도 기다리는 사이 죽은 벌레들이 바닥에 깔아놓은 플라스틱 시트 위로 폭포처럼 후드득 쏟아졌다. 그 벌레들을 모두 세고 분류하는 데만 몇 달이 걸렸다. 어윈의 발견은 놀라웠다. 이 나무 한 그루에만 1200종의 곤충이 서식했기 때문이다. 100종 이상의 곤충은 이 특정한 나무 외의 어디에서도 서식하지 않았다. 어윈은 이 결과를 확장해 열대 다우림 1헥타르당 4만 1000종의 서로 다른 곤충이 서식하고 있으며, 전 세계적으로는 3000만 종의 곤충이 있으리라고 추산했다.

이 추산은 금세 유명해졌지만, 논쟁 또한 불러일으켰다. 어윈은 자기 분야에서 널리 존경받는 인물이다. 47개의 종명, 2개의 속명, 1개의 아과亞科명과 아종亞種명이 그를 기리며 지어졌다. 곤충학 공동체가 '국제동물명명규약International Code of Zoological Nomenclature'에 따라 종의 이름에 자기 이름을 따서 붙이는 행위를 관행상 금지하고 있는 상황을 감안하면, 법적 강제력이 없다고는 해도, 어윈에 대한 존경심이 어느 정도인지 가늠할 수 있다. 하지만 많은 곤충학자가 어윈의 거친 분석에 회의적인 시선을 보내는 것도 사실이다. 더 최근의 연구는 3000만이라는 숫자를 다소 줄이는 방향으로 수정하려는 경향을 보인다. 하지만 어윈은 여전히 고집스러운 태도를 유지한다. "와이어트 어프와 빌리 더 키드 같은 친구들이 나한 테 아무렇게나 총을 쏘아 대고 있는 꼴입니다. 그들 중에 데이 터를 가진 사람은 아무도 없어요." 그는 최근에 내게 그렇게 말했다. "그 사람들은 사무실에 앉아서 숫자들만 마구 뿌려 대고 있을 뿐입니다." 어윈은 실제 곤충 종의 숫자는 8000만, 어쩌면 심지어는 2억에 이를지도 모른다고 생각한다. 또한 곤충 종의 상당수가 주목하는 이 하나 없이 사라지고 있다고 주장하고 있다.

무척추동물은 기후 변화, 침입종과의 경쟁, 서식지 감 소 등으로 생존을 위협받고 있다. 심지어 서식지가 그렇게 눈 에 띄게 손실을 당하지 않은 곳에서조차도 곤충의 수는 급격 히 줄어들고 있다. 독일에서 발표된 어느 보고서에 따르면 곤 충의 개체수가 1989년 이래 75퍼센트나 감소했다. 이는 곤충 이 이전의 다른 연구들이 주장하던 것보다 훨씬 더 위태로운 상황에 처해 있음을 암시한다.

곤충의 감소에 대한 전 세계 곤충학자들의 우려는 날로 커지고 있다. 캘리포니아 과학 아카데미 소속 곤충학자이자 개미 전문가인 브라이언 피셔Brian Fisher가 1993년 마다가스카 르에 발을 디뎠을 때, 그는 몇 가지 새로운 종을 찾아볼 수 있 지 않을까 하는 정도의 기대를 품고 있었다. 피셔는 자신이 거 기서 발견하게 될 엄청난 규모의 풍요로움에 대해서 전혀 모르고 있었다. "모든 게 새로웠습니다. 1930년대에 사는 것 같은 기분이었어요." 피셔는 그렇게 말했다. 그 시기에 그는 1000종 이상의 새로운 개미를 확인했는데, 그중에는 성체가 같은 종 유충의 피를 빨아먹으며 살아가는 것도 있었다. 피셔는 이 개미 군에 '드라큘라 개미'라는 별명을 붙였다.

물론 개미 1000종이 많은 수이긴 하지만 과학자들은 지금까지 1만 6000종의 개미를 확인했다. 나 같은 문외한에게는 기본적으로 다 그게 그것처럼 보이긴 하지만 말이다. 어떤 것들은 갈색이고, 어떤 것들은 검은색이며, 어떤 것들은 시나몬 색이다. 그 정도를 제외하면 이 개미들은 비가 올 때마다 캘리포니아의 내 집 부엌에 떼 지어 출몰하는 침입종인 아르헨티나 개미와 정말 비슷하게 생겼다. 하지만 피셔 같은 전문가에게 개미들은 새잡이가 울새를 식별하는 것과 마찬가지로 죄다 다르게 보인다. 현미경으로 관찰하면 각각의 개미는 편모, 분할된 더듬이, 그리고 무엇보다 악마의 전지가위처럼 보이는 아래턱 등 확실하게 구분이 가능한 요소들로 가득하다.

피셔가 마다가스카르 원정을 개시한 뒤로 수십 년간 삼림 벌채가 가속화되어 왔다. 오늘날 온전히 남아 있는 원시림은 겨우 10퍼센트에 불과하다. 피셔는 "50년 뒤에 마다가스카르에 숲이 남아 있을 거란 생각이 안 듭니다."라고 말한다. 애리조나대학교 곤충학 교수이자 개미집 딱정벌레 전문 연구자인 웬디 무어Wendy Moore는 "시간이 얼마 안 남았다는 느낌이 들어요. 이 문제에 관심을 두고 있는 우리 분야 연구자들 모두 그렇게 느끼죠."라고 강조한다. 많은 곤충이 단일한 식물 종에 서식하며 생존하고 있기 때문에 삼림 벌채로 인해 벌어지는 참혹한 손실은 상상할 수 없이 크다. "특정 형태의 숲이 사라지면 수천, 수만, 어쩌면 수십만 종이 사라지게 돼요." 어윈이 말했다. "삼림 벌채는 알려지지 않은 수백만 종의 생물을 제거하고 있습니다."

종 차원에서 곤충에게 무슨 일이 일어나고 있는지 우리는 여전히 정확히 모르고 있다. 하지만 개체 수의 측면만 봐도 현재 우리는 위기 한복판에 있다. 많은 종류의 곤충이 여전히 버티고 있긴 하지만, 전반적인 개체 수는 무자비하게 줄어들고 있다. 독일에서 지난 35년간 다수의 장소에서 포획한 날아다니는 곤충의 수를 추적해 새로이 얻어 낸 데이터는 수많은 경고의 징후 중에서도 특히 우려스럽다. 파리의 프랑스 자연사 박물관 소속 학자인 클레어 레니에의 추산에 따르면 우리에게 알려진 13만 종의 무척추동물이 지난 4세기를 거치는 동안 이미 사라졌을지 모른다고 한다.

다양한 일화들이 이러한 관측을 지지하는 증거가 되고 있다. 환경 저널리스트 마이클 매카시Michael McCarthy는 '앞 유리 현상'이 사라지고 있는 것 같다는 사실에 주목한다. 그의 글에 따르면 예전에, 특히 여름에는 "오랫동안 자동차로 여행을 하면 차 앞 유리에 곤충들이 다다다닥 붙어 있곤 했다." 최근 몇 년간 이 현상은 사라져 가고 있는 듯하다.

살충제가 유럽에서의 곤충 수 감소 원인으로 비난을 받아 오긴 했지만, 어윈은 이 사태의 진정한 범인이 기후 변화라고 생각한다. 에콰도르에서 그가 관찰을 진행해 왔던 장소는 오염되지 않은 채 보존된 원시림이다. "거기선 살충제를 전혀 쓰지 않죠." 그가 말했다. 하지만 그가 그곳에 머무르는 동안 알 수 없는 무언가가 숲의 균형을 점진적으로 바꿔 놓았다. 데이터를 연구해 본 결과, 어윈과 공동 연구자들은 지난 35년에 걸쳐 아마존 열대 우림이 천천히 죽어가고 있다는 사실을 발견했다. "만약 이 숲이 사라지게 된다면" 어윈은 말한다. "여기 사는 모든 것들이 영향을 받을 겁니다."

이런 추세가 언제까지고 계속된다면 그로 인한 결과는 참혹할 것이다. 곤충은 인간보다 1000배 오래 더 지구에서 살아왔다. 여러 면에서 곤충은 우리가 사는 세계를 창조한 존재다. 곤충의 도움으로 현화식물의 우주가 탄생할 수 있었다. 곤충과 지상의 먹이 사슬이 맺는 관계는 플랑크톤과 바다의 먹이 사슬이 맺는 관계와 같다. 하버드대학교의 저명 곤충학자이며 사회생물학의 창시자인 에드워드 윌슨Edward Wilson은 곤충을 비롯한 육지 절지동물이 없다면 인류는 겨우 몇 달을

존속하리라 추정한다. 그 뒤에는 대부분의 양서류, 파충류, 조류와 포유류가 현화식물과 더불어 그 뒤를 따를 것이다. 이 행성은 부패하지 않는 시체와 죽은 나무들로 뒤덮인 거대한 퇴비 더미로 변할 것이다. 수많은 균류가 한동안 번성할 것이나 그것들도 이내 소멸할 것이다. 지구는 4억 4000만 년 전 생명이 이제 막 토양에 자리 잡기 시작하던 시절인 실루리아기와 비슷한 상태로 되돌아갈 것이다. 다시 말해서 스펀지처럼 구멍이 숭숭 뚫리고 이끼와 우산이끼로 가득 찬 상태의 토양이 최초의 용감한 새우가 지상에서 자기의 운을 시험해 보기를 기다리던 바로 그 시절 말이다.

생태계의 보고 '안티오크 듄스'

개별 곤충 종을 조금씩 보호하기란 멸종 위기에 처해 있는 대부분의 포유동물을 보호하는 것만큼 어려운 일이다. 그 이유는 우선 숫자가 말도 안 되게 많고, 곤충과 다른 무척추동물이 동일한 특징을 공유하지 않기 때문이다. 북극곰과 혹등고래는 하나로 묶을 수 있는 동물이다. 중국 윈난성 가오리공 산맥에서 나뭇잎을 먹고 사는 말랑말랑한 몸뚱이의 딱정벌레는 포유동물과는 완전히 다른 동물이다.

얼마 전 나는 안티오크 듄스 국립 야생 보호 구역에 다녀왔다. 캘리포니아주 버클리에서 북동쪽으로 한 시간가량

차를 몰고 가면 도착한다. 이곳은 멸종 위기에 놓인 곤충을 보호한다는 분명한 목표 아래 설립된 최초의 야생 보호 구역이다. 보호 구역은 넓이 55에이커에 불과한 작은 땅이다. 삼면이 철책선으로 둘러싸여 있으며, 나머지 한 면은 샌와킨강을 접하고 있다. 사실 이 보호 구역은 사람들의 이목을 그다지 끌지 않는다. 이곳의 지형은 불확실한 미래에 개발 예정인 매력 없고 볼품없는 토지를 닮았기 때문이다. 내가 보호 구역을 찾은 날에는 독수리 세 마리가 고양이 사체를 둘러싼 채 웅기종기 모여 있었다. 맞은편 강둑에서는 풍력 기지의 터빈이 느릿느릿 돌고 있었다.

하지만 한때 이 모래 언덕은 사하라 사막의 축소판으로, 다른 어느 곳에도 존재하지 않는 수많은 동식물의 보금자리였다. 생물학자들은 수십 년이 지나 보존할 시기를 놓치기 직전에서야 그러한 사실을 알아차렸다. 백인 정착민들이 캘리포니아에 나타났을 때 모래 언덕은 그저 원자재의 보고로 보였을 뿐이었다. 이곳의 모래는 벽돌을 제조하기에 놀랄 만큼 적합했고, 1906년 샌프란시스코 지진과 전후 주택 사업 열풍 시기에 대부분 모래가 파헤쳐져 건물을 짓는 데 쓰였다. 모래 언덕이 사라지고 나자 그 자리에는 건물들이 들어섰다.

1960년대에 이르러서야 생물학자들은 안티오크 듄스가 얼마나 특별한 장소인지 깨닫기 시작했다. 그무렵에는 겨우 세 종의 토착종만이 남아 있었는데, 식물은 콘트라 코스타 해바라기와 안티오크 듄스 달맞이꽃 등 두 종, 곤충은 랑게 메탈마크 나비 한 종이었다. 랑게 나비는 날개 길이가 엄지손톱만 한 작은 나비다. 예쁜 오렌지색과 갈색 위에 하얀 점이 점점이 찍힌 작고 연약한 날벌레로, 매년 8월 일주일에서 9일 동안 번데기 상태로 머물다 우화羽化하며, 최대 400미터까지 이동할 수 있다.

1980년에 듄스 보호 구역이 생겨난 뒤 랑게 나비는 잠시나마 재기의 날갯짓을 만끽했다. 그러나 오늘날은 상황이 쉽지 않다. 마지막으로 개체 수를 세었을 때 보호 구역에는 고작 67마리뿐이었다. 랑게 나비는 딱 한 종의 식물, 벌거벗은 줄기 메밀에만 알을 낳는데 현재 이 메밀은 잡초에 밀려나면서 겨우 연명하는 처지다. 다른 랑게 나비 개체들은 캘리포니아 시미 밸리에 위치한 무어파크대학의 포획 번식 프로그램을 통해 사육되고 있다. 혹시나 이 나비들에게 무슨 일이라도 생기면 랑게 나비는 멸종을 맞게 될 것이다.

이 나비를 구하기 위해 미국 어류 및 야생 동물 관리국은 최근 보호 구역 대부분을 모래로 덮어 서식지를 복원하려는 대담한 실험을 시작했다. 서식지에 1미터 깊이로 모래를 뿌려 쌓으면 침입성 식물이 질식하면서 원래 모래 언덕에서 진화해 왔던 종들이 잃어버린 땅을 찾을 수 있으리라는 것이다. "환경을 되돌릴 수 있다면 나비도 되돌릴 수 있습니다."
보호 구역 관리자인 돈 브루베이커가 내게 말했다. 내가 방문
한 날 그와 같이 일하고 있는 보호 구역 전문가 루이스 테라
자스가 희망적인 징조를 관측했다. 토착종 달맞이꽃이 모래
위로 고개를 빼꼼 내밀면서 이번 계절의 첫 싹을 틔운 것이다.
시간만 주어진다면 나머지 생명체도 되살아날지 모른다.

　　랑게 나비를 위한 수고로운 노력이 이 모든 난관을 감
수할 만한 가치가 있는 것이냐고 브루베이커에게 묻자 그가
대답했다. "왜 종을 보호하냐고요? 안 그럴 이유가 뭐죠? 이
게 우리가 하는 일입니다. 이 행성이 계속 기능할 수 있도록
하는 것 말입니다."

　　어떤 면에서 랑게 메탈마크 나비처럼 작은 규모의 무척
추동물은 보호하기에 완벽한 대상이다. 사리나 젭슨은 오레
곤주 포틀랜드를 기점으로 하는 비영리 무척추동물 보호 단
체인 '서세스 협회'에서 멸종 위기종과 해양 보호 업무를 관
장한다. 젭슨이 말해 준 바에 따르면, 곤충의 경우 약간의 땅
만 있어도 종종 커다란 변화를 일으킬 수 있다. 이를테면 늑대
나 호랑이를 보호하기 위해 필요한 땅의 규모와 다르다. "이
곤충 종들에게 변화를 일으키기에 수백 수천 에이커까지는
딱히 필요가 없어요." 그렇기는 하지만, 심지어 단 한 종의 생
물을 구하는 데 드는 일의 양이 가끔은 정말 압도적으로 느껴

질 때도 있다. 연구실에서 종 하나를 구해 내는 것만으로는 불충분하다. 그 종이 얽힌 환경 전체를, 수천 년 이상 축적되어 온 식물, 동물, 토양과 기후 사이에서 벌어지는 복잡한 상호작용의 산물 모두를 구해 내야 한다.

특정 순간에 이르면 멸종이라는 문제를 개별적인 종과 관련지어 생각하는 것이 규모의 측면에서 오류라는 게 분명해진다. 곤충학자들이 예상하는 가장 끔찍한 상황이 정말로 실현된다면 다음 세기까지 멸종하는 종의 수는 수천만까지는 아니더라도 수백만에 이를 것이다. 곤충 종들을 하나씩 구하는 건 모래주머니로 해일을 막으려는 것과 같다.

분류학이라는 종의 위기

그들이 연구하는 많은 생물 종과 마찬가지로, 분류학자들 또한 현재 소멸의 위기에 처해 있다. 관련 교직원 채용, 박물관 취업, 정부 지원금 모두 내리막길을 걷고 있다. 소수의 학생만이 이 분야로 들어온다. 분류학은 한물갔고 지적으로도 힘들지 않은, 과학계의 우표 수집과 다를 바 없는 학문으로 치부된다. 대신에 DNA, 단백질, 개별 세포 내의 화학적 과정을 다루는 분자생물학이 교과 과정을 장악하며 연구 지원금을 쓸어 담는다. "대학 수업이 죄다 그쪽으로 쏠리고 있어요. 자금 지원도 그렇고." 테리 어윈의 말이다.

그러는 동안에도 새로 발견되는 종은 계속해서 늘어나고 있다. 내가 이 글을 쓰고 있는 오늘만 해도 분류학계의 양대 저널인 《주키스ZooKeys》, 《주탁사Zootaxa》가 남아메리카에서 호박벌을, 티베트 고원에서 물땡땡이를 발견했다고 공표했다. 태극나방과 안데스 풍뎅이가 발견됐고, 한국에서는 새로운 갑각류가 발견됐으며, 기생벌이 속 단위로 발견됐다는 사실도 공표됐다. 아직 정오도 되지 않았는데 말이다.

이렇게나 물밀듯 밀려드는 사태를 어찌해야 할까? 나와 이야기를 나눈 많은 분류학자는 이것이 다루기 쉬운 상황이 아니라고 솔직히 인정한다. 브라이언 피셔에 따르면 상당수의 분류학자가 "우리가 모르는 영역이 참으로 광대하다는 사실"에 어느 순간 경외심을 느낀다고 털어놓는다. 20년 동안 한 가지 아과의 딱정벌레를 연구해 온 캘리포니아대학교의 키플링 윌Kipling Will은 오스트레일리아에서 날아온 샘플 상자들을 가리키며 이렇게 말했다. "그냥 우리가 할 수 있는 일을 하는 겁니다. 설명되지 않은 자료들이 너무 많아요. 지금 이 수준까지 도달하는 데만도 수십 년이 걸린 일입니다." 어떤 종을 연구하건 간에 제대로 해부하고, DNA를 검사하고, 근친종과 비교하면서 새로운 연구 결과를 발표해야 한다. 그러나 이때 필요한 모든 정보를 정리하기까지는 상당한 시간이 걸린다. 매년 새로운 무척추동물이 너무 많이 발견되다 보니 분류학자들이 연구 출간 기념 파티를 몇 년, 심지어 수십 년 동안 줄 서서 기다리는 게 흔한 일이다.

그렇다면 어떻게 해야 할까? 이런 일을 계속해야 할까? 무척추동물에게 닥친 불길한 운명을 걱정해야 할 이유는 차고 넘친다. 무척추동물은 생태계의 중추로서 우리 행성의 심장, 폐, 소화 기관처럼 기능한다. 독특한 생화학적 특성을 지닌 무척추동물을 이용해 상당수의 질병을 치료할 수도 있다. 최근 나새류에서 채취한 화학 물질이 항암제 용도로 미국에서 임상 시험을 거친 바 있다. 어떤 무척추동물은 살충제의 자연적 대체물로 활용될 수도 있다. 하지만 근본적으로, 무척추동물이 다른 용도에서가 아니라 그 자체로 충분한 존재 의미를 갖게 될지는 분명치 않다. 그에 대한 대답은 에드워드 윌슨이 '생물에 대한 사랑biophilia'이라 일컬은 자질, 다시 말해 생명 세계에 갖는 심미적 태도 또는 열렬한 애정과 더 깊은 관계가 있지 않을까.

무척추동물 분류에 종사하는 사람들에게 왜 자기 인생을 달팽이나 조개 같은 특정 형태의 곤충에 바치는지 물을 때 가장 많이 듣게 되는 말은 '아름다워서'이다. 그들의 눈은 자기들이 고른 속과 아강亞綱 앞에서 반짝거린다. 외골격에 무지갯빛이 은은히 도는 검정 딱정벌레로 가득 찬 상자 속 거주자들은 "다소 크지만 믿을 수 없이 아름답다."고 기술될 것이다. 물론 이 딱정벌레들은 새끼손가락 끝마디 정도의 덩치다. '크다'는 표현은 상대적이다. 분류학자들은 작은 갯민숭달팽이가 꽉 차 있는 유리병에 둘러싸이면 달팽이들의 아름다움, 그러니까 다양하면서도 화려한 색깔, 형태, 행동 양식 등에 대해 쉴 새 없이 칭찬을 늘어놓을 것이다. 뉴욕시립대학교의 열대환경학 교수로 재직하며 나무를 파먹는 우드보어링 딱정벌레를 연구하는 에이미 베르코프는 미술을 공부하다가 곤충학으로 전공을 바꾼 사례다. 그는 그러한 선택의 이유를 묻는 질문에 "곤충을 가만히 바라보는 것보다 더 놀라운 일은 없거든요."라고 답한다. 심지어 콧대 높기로 유명한 개미 전문가조차도 오랜 친구를 위해 아껴 둔 애정을 희귀 개미의 라틴어 학명과 바꿀 것이다.

꺼안고 싶은 귀여운 동물에 관심을 기울이기는 쉽다. 조만간 우리는 최후의 마운틴고릴라가 사라지고 마지막 장수거북이 소멸한 세상에서 살아갈 것이다. 호랑이나 북극곰이 없는 지구는 참으로 슬픈 장소일 것이다. 하지만 도래하고 있는 무척추동물의 멸종에 대해 생각한다는 건 차원이 다른 손실을 직면하는 것과 같다. 수많은 종이 우리가 미처 그런 동물이 있다는 걸 알기도 전에, 심지어 그런 사실이 있다는 점에 대한 이해가 시작되기도 전에 소멸한다. 종은 그저 이름도 아니고, 진화 계보의 한 점에 불과한 것도 아니다. 추상적인

DNA 배열도 아니다. 종은 식물과 동물, 토양과 공기 사이에 수천 년간 셀 수 없이 벌어진 복잡한 상호 작용을 암호화한다. 각각의 종은 그 안에 우리가 이제야 목도하기 시작한 행동 양식을, 실로 긴 세대에 걸쳐 연마된 화학적 비법을, 모방과 폭력, 모성과 폭발적 육욕으로 이루어진 세계 전체를 품고 있다. 이 모든 것이 소멸하리라는 사실을 안다는 건 마치 불타는 도서관을 바라보며 거기서 책 한 권도 건지지 못하는 상황과 같다. 이러한 파괴 속에서 우리가 맡은 역할은 일종의 반달리즘 vandalism이다. 종의 역사에 대해서도, 또한 우리의 역사에 대해서도.

비늘개미의 일종인 스트루미제니스 렐리퀴아를 예로 들어 보자. 이 개미는 캘리포니아 과학 아카데미에서 참으로 훈훈한 분위기 속에 논의된 개미 중 하나다. 스트루미제니스는 관목에서 자생하는 포식자로, 무척 진기한 종이다. 이 개미를 발견한 사람은 1986년 캘리포니아대학교 데이비스 캠퍼스 소속의 필 워드Phil Ward다. 그가 이 희귀한 개미 종을 발견한 장소는 그의 사무실에서 몇 마일 떨어져 있는 2헥타르 넓이의 작은 숲이었다. 이전까지 다른 곳에서는 한 번도 목격된 적이 없었는데, 워드는 여기에 이유가 있다고 본다. 캘리포니아의 강들은 한때 홍수에 잘 견디는 강건한 상록 떡갈나무가 우거졌던 커다란 숲과 인접해 있었다. 지리학자들은 이 강기슭 숲이 최소 2000만 년 동안 이곳 지형의 특징이었을 것으로 생각한다. 초기 정착민과 탐험가들이 남긴 자세한 기술을 통해 당시 지형의 모양이 어떠했을지 감을 잡을 수 있다. 그들이 쓴 글에는 하늘을 까맣게 뒤덮은 거위 떼, 강물을 가득 메운 연어, 떡갈나무 아래 백 마리 혹은 그 이상으로 모여 도토리를 먹고 있는 그리즐리 곰이 등장한다.

오늘날, 이 숲들은 사라지고 없다. 워드가 욜로 카운티에서 발견한 것과 같은 작은 숲이 몇 군데 뜨문뜨문 흩어져 있을 뿐이다. 나무들은 오래전에 베이고 쪼개져 장작으로 쓰였고, 나무가 잘린 땅은 경작되어 지금은 토마토 농장과 아몬드 과수원으로 바뀌었다. 연어, 거위, 그리즐리 곰은 모두 사라지고 없다. 남은 것이라고는 개미뿐이다. 오로지 개미만이 옛 시절을 기억하고 있다.

저자 엘리스 벨(Alice Bell)은 기후 변화 관련 자선단체 'Possible'의 공동 이사이자 환경 위기를 다룬《Our Biggest Experiment: A History of the Climate Crisis》의 저자다.

역자 최민우는 한국예술종합학교에서 서사 창작을 공부했고, 현재 소설을 쓰면서 번역을 한다. 단편집과 장편 소설을 발표했으며《오베라는 남자》,《폭스파이어》,《쓰지 않으면 사라지는 것들》등을 번역했다.

이미 알고 있었다

1974년 8월, 미국 중앙정보부CIA는 '기밀 문제와 관련한 기후학적 조사'라는 이름의 연구를 수행했다. 분석 결과는 극적이었다. 기상 이변으로 새로운 시대가 도래하고 이로 인해 정치적 불안정과 대량의 이주 사태가 이어지며, 이주 사태는 결국 더 큰 불안정성을 야기할 것이라고 경고했다. 정보기관이 상상한 새로운 시대는 단지 지구 기온이 오른 세상만은 아니었다. CIA는 지구 온난화만큼이나 지구 한랭화를 경고하는 과학자들의 의견도 경청했다. 하지만 온도계가 어느 쪽으로 움직이고 있느냐는 CIA 차원에서 당장의 관심사가 아니었다. 중요한 건 정치적 파장이었다. 그들은 이른바 '소빙하기', 즉 대략 1350년부터 1850년에 이르는 기간 동안 일어난 일련의 한파가 가뭄과 기근뿐 아니라 전쟁도 일으켰다는 사실을 알고 있었다. 새로운 기후 변화가 일으킬 사태까지도 말이다.

CIA의 연구 보고서는 첫 페이지에 다음과 같이 명시한다. "기후 변화는 1960년에 시작되었다. 하지만 기후학자를 포함해 그 누구도 이를 알아차리지 못했다." 1960년대 초 소련과 인도의 흉작은 언제나 그랬듯 기상 운이 나빴던 탓으로 여겨졌다. 미국은 선박으로 인도에 곡식을 보냈고, 소련은 가축을 잡아먹었다. 그리고 니키타 흐루쇼프 서기장은 조용히 축출되었다.

보고서에 따르면 세상은 이 경고를 무시했다. 세계 인구는 증가세였고, 각국은 에너지, 기술, 의약품에 대량 투자를 감행하고 있었다. 그러는 사이 기상 이변은 계속 진행되었고, 사하라 사막 바로 아래쪽 서아프리카 국가들로 옮겨 갔다. 모리타니, 세네갈, 말리, 부르키나파소, 니제르, 차드의 국민들은 "기후 변화의 첫 번째 희생자가 되었다." 보고서는 이렇게 주장했다. 하지만 그들이 겪은 고통은 다른 분쟁에 가려졌고, 부자 나라들은 관심을 주지 않았다.

기후 변화의 영향이 세계의 다른 지역으로도 퍼지기 시작하면서, 1970년대 초반이 되자 버마, 파키스탄, 북한, 코스타리카, 온두라스, 일본, 마닐라, 에콰도르, 소련, 중국, 인도, 미국에서 가뭄과 흉작, 홍수가 연이어 보고되었다. 하지만 여기서 패턴을 발견하려는 사람은 거의 없는 듯했다. "전 세계 뉴스의 헤드라인은 우리가 아직 완전히 이해하지 못했거나 아니면 직면하고 싶지 않은 이야기를 들려주었다."라고 보고서는 지적했다.

아무도 기후 변화에 관심을 기울이지 않고 있었다는 주장이 전적으로 타당한 것은 아니다. 몇몇 과학자들은 한동안 이 문제를 이야기했다. 그들의 말은 신문에도 실렸고, 텔레비전에도 나왔으며, 미국 대통령 린든 존슨의 1965년 연설에서도 언급되었다. CIA의 보고서가 화제가 되기 몇 달 전, 미국

국무장관 헨리 키신저는 UN에서 "과학으로 인해 생겨난 문제들"을 과학을 적용해 해결하자는 취지의 연설을 했다. 그 연설에는 현재 최빈국들이 "계절풍대에서, 어쩌면 전 세계에서 일어날지 모르는 기후 변화의 가능성"에 위협을 받고 있다는 우려도 포함되어 있었다.

하지만 이 보고서의 작성자들은 핵심을 짚어 냈다. 기후 변화는 마땅히 받아야 할 관심을 얻지 못하고 있었으며, 긴급히 토론해야 할 상황도 아니었다. 대규모의 대중적 항의도 없었고, 그런 걸 시도하려는 사람도 없는 듯 보였다.

이 보고서는 애초에 기밀문서로 준비된 것이었지만 결국 몇 년 뒤 《뉴욕타임스》에 공개되었다. 보고서가 공개된 시점인 1977년 2월에는 화석 연료를 태운다는 문제가 해외의 기근보다는 국내의 석유 위기라는 관점에서 더 심각하게 파악되었다. 《뉴욕타임스》의 말처럼 기후 위기는 여전히 멀게 느껴졌으나, 미국인들은 평소와는 다른 날씨로 인해 생겨나는 어려움에 석유 부족 사태를 연결해 생각했다. 어쩌면 이 일로 약간이나마 변화를 열어젖힐 수 있지 않았을까? 《뉴욕타임스》의 기사는 에너지와 기후 전문가 모두 "현재의 위기는 눈앞에 닥친 심각한 것이므로, 문제가 더 악화하기 전에 이 이슈를 장기적으로 다루려는 관심과 계획이 향후 촉진될 것"이라는 희망을 공유했다고 보도했다.

그러나 20세기 마지막 3분의 1 동안 진행된 논쟁은 기후 변화에 대한 우려만큼이나 그러한 논의를 지연시키려는 시도로 특징지어진다. 그렇게 된 것은 CIA의 정치 분석가들이 놓치고 있는 요인 때문이었다. 화석 연료 산업의 반격이다.

파멸의 예언자

정치인과 각 기관의 언론 담당자들은 이 논의를 지연시킬 수 있는 재료를 과학 공동체 내부에서 찾아냈다. 1976년 스티븐 슈나이더라는 젊은 기후 모델 제작자는 기후 과학 공동체에서도 세상을 깜짝 놀라게 할 사람이 나올 때라고 생각했다. 컬럼비아대학교 대학원생이었던 슈나이더는 자신이 돋보일 만한 연구 조사 프로젝트를 찾고 있었다. 나사NASA의 고다르 우주 연구소를 들락거리는 동안 그는 우연히 기후 모델에 관한 이야기를 듣게 되었다. 그는 '바로 이거야' 싶었다. 훗날 슈나이더는 당시를 이렇게 회상했다. "지구를 모형으로 만들어 본 다음에 그걸 오염시켜서 무슨 일이 일어날지 이해하는 거죠. 정책에도 긍정적인 방식으로 영향을 끼치고요. 얼마나 짜릿했겠습니까?"

가뭄과 기근에 대한 뉴스가 헤드라인으로 나온 지 몇 년 지난 상황이었던 터라, 슈나이더는 지금이야말로 기후 변화가 일으킬 수 있는 위험을 알리는 대중 과학 서적이 나올

적절한 시기라고 생각했다. 그리고 그 결과로 1976년《창세기 전략 The Genesis Strategy》이 출간됐다. 그는 '파멸의 예언자'라고 부르는 쪽이건 '지나친 낙관주의자'라고 부르는 쪽이건 어느 쪽에도 위치하고 싶지 않았다. 기후 변화의 심각성을 제대로 전달해 사람들의 관심을 끄는 것이 중요했다.

책은 나오자마자 주목을 받았다. 재킷을 입은 물리학자 칼 세이건이 홍보를 했고,《워싱턴포스트》와《뉴욕타임스》에 서평이 실렸으며, 자니 카슨의 〈투나잇 쇼〉에서도 출연 섭외가 들어왔다. 책의 성공은 보수적 구세대들의 심기를 건드렸는데, 그들은 이런 방식이 과학을 하는 옳은 방법이 아니라고 생각했다. 슈나이더의 책을 특히나 맹렬하게 혹평한 사람은 기후학자 헬무트 란츠베르크였다. 그는 미 기상국 기후학 부서장을 역임하고, 당시 메릴랜드대학교에 재직하면서 널리 존경받는 교수였다.

란츠베르크는 미국 지구물리학회 '아메리칸 지오피지컬 유니언' 학회지에 쓴 서평에서 슈나이더의 책을 "과학, 자연, 정치라는 넓은 범위의 주제를 잡다하게 섞은 책"이며 "본인의 말대로 여러 분야에 걸치고는 있지만 정말 마구잡이로 그러고 있다."라고 했다. 란츠베르크가 싫어했던 건 슈나이더에게서 파악한 활동가다운 기질이었다. 그는 기후 과학자들이 대중의 주목에서 벗어나야 한다고 믿었다. 특히나 기후 모델링의 불확실성이라는 문제와 관련해서는 더욱 그래야 했다. 란츠베르크는 슈나이더가 기상학자에 대한 신뢰를 떨어뜨릴 거라고 우려했다. 그가 생각하기에 기상학자란 꾸준히 데이터를 모아 최대한 불확실성을 제거하고, 꼭 필요한 때만 정치인들에게 비밀리에 신중히 브리핑하는 사람이었다. 이 글에서 란츠베르크는 슈나이더가 과학자들이 공직에 출마하는 걸 옹호하고 있다며, 그럴 거면 본인이 직접 하는 게 나을 거라고 비판했다. 그리고 진지한 과학자가 되길 원한다면 "여러 회의나 워크숍에 가서 얼굴 비추는 시간을 줄이고 과학 도서관 회원 가입부터 하라"고 꼬집으며 서평을 마무리했다.

이 갈등은 부분적으로 보면 세대 간 충돌이었다. 슈나이더는 상대적으로 젊고 반항적인 세대로, 과학을 기꺼이 길거리로 들고 갔다. 반면 란츠베르크는 정부나 군대와 신중하게, 보통은 비밀리에 협력하며 경력을 쌓은 사람이었다. 그는 과학에 대한 대중의 관여가 이 관계의 예민한 균형을 훼손할까 두려워했다. 또한 과학자의 처신에 대한 문화적 규범이라는 문제도 있었다. 당시만 해도 훌륭한 과학자는 외압으로부터 보호받아야 하고, 극적인 냄새가 조금이라도 나는 것은 모두 회피해야 한다고 보는 규범이 깊이 뿌리박혀 있었다. 심지어 다른 오래된 문화적 규범과 마찬가지로 이런 규범이 과학을 왜곡시킬 때조차도 그랬다. 기후 변화에 쏟아지는 새로운 관심이 달갑지 않은 완고한 기상학자가 란츠베르크 한 명은 아니었다. 몇몇 이들은 이 극적인 상황이 불편했고, 또 다른 이들은 새로이 활용되고 있는 기술과 분야, 접근법을 신뢰하지 않았다.

영국에서는 기상청장 존 메이슨이 기후 변화에 대한 우려를 '시류 영합'이라 폄하하며 "미국의 불필요한 우려가 사실이 아님"을 밝히기 위한 행동에 착수했다. 1977년 그는 영국 왕립예술협회에서 공개 강연을 하며 기후는 늘 변동하기 마련이고, 최근의 가뭄이 전례 없는 일이 전혀 아니라는 점을 강조했다.

그는 우리가 현재 속도로 향후 50년에서 100년 동안 화석 연료를 계속 태운다면 지구의 기온이 섭씨 1도 상승할 것이며, 이는 '중대한' 문제이긴 하지만 지구 대기는 우리가 무엇을 던져 넣건 모두 감당할 수 있는 시스템이라고 말했다. 더불어 그는 모두가 결국에는 원자력으로 옮겨 갈 것으로 판단했다. 《네이처》에 이 강연에 관한 기사를 작성한 존 그리빈은 강연의 전반적인 메시지가 "겁먹을 것 없다"였다고 썼다. 그리빈은 파멸의 예언자의 말을 들을 필요는 없다며 독자들을 안심시켰다.

오류 없는 암울한 예측

그러나 변화가 다가오고 있었다. 그 시작점은 기성 과학자와 활동가의 결합이 될 것이었다. 너새니얼 리치가 자신의 책 《잃어버린 지구Losing Earth》에 쓴 바에 따르면, 1978년 미 환경 보건국이 석탄에 대해 작성한 모호한 내용의 보고서가 환경 단체 '지구의 벗' 워싱턴 지부에서 활동하는 로비스트 라페 포메런스의 책상에 놓였다. 보고서는 온실 효과를 이야기하면서 화석 연료가 향후 수십 년에 걸쳐 대기에 심각하고 해로운 영향을 끼칠 수 있다는 사실을 언급했다.

그가 사무실 사람들에게 이 문제를 문의하고 다닐 때, 누군가 그에게 지리학자 고든 맥도널드가 쓴 최근 신문 기사를 건넸다. 맥도널드는 1960년대에 린든 존슨 대통령의 자문으로 활동하며 기상 조절을 연구했던 미국의 고위급 과학자였다. 맥도널드는 1968년에 〈환경을 망치는 법〉이라는 제목의 에세이를 썼는데, 그는 글에서 핵전쟁의 위협 대신 기후를 무기화한 미래를 상상했다. 리치는 자신의 책에 다음과 같이 쓰고 있다. "그 에세이가 나온 뒤 10년 동안, 맥도널드는 인류가 이 특수한 대량 생산 무기를 악의가 아니라 부지불식중에 개발하고 있는 모습을 보며 경각심을 키워 왔다."

더욱 중요한 건, 맥도널드가 사람들의 눈을 피해 정기적으로 모여 정부에게 조언하는 엘리트 과학자들의 비밀 모임인 '이아손'의 일원이었다는 점이었다. 이아손 그룹은 1977년과 1978년 여름에 이산화탄소와 기후 변화 간 상관관계를 논의하려 모임을 열었고, 맥도널드는 미국 텔레비전에 출연해 지구의 온도가 올라가고 있다고 주장했다.

'지구의 벗' 로비스트인 포메런스와 비밀 군사 과학자인 맥도널드 사이에 문화적 알력이 있었겠거니 상상할 수 있지만, 그들은 강력한 팀으로 뭉쳤다.《잃어버린 지구》에 서술된 일화에 따르면 두 사람은 대통령의 과학 자문인 프랭크 프레스와도 회의를 열었는데, 프레스는 그 자리에 미국 과학기술정책실의 고위급 직원을 전부 대동하고 나왔다. 맥도널드가 본인 주장의 요지를 설명하자 프레스는 MIT의 전 기상학과장인 줄 차니에게 조사를 요청해 보겠다고 말했다. 만약 차니가 기후 위기로 인한 종말이 오고 있다고 말한다면 대통령도 움직일 것이라 했다.

"줄 차니가 소환한 과학자들이 도착했다. 그들은 부인, 자녀, 그리고 작은 여행 가방과 함께 케이프 코드 남서쪽 지선에 위치한 우즈 홀에 있는 3층짜리 맨션으로 갔다." 이는 리치의 책에 기록된 내용이다. 차니의 업무는 이아손의 보고서를 검증할 수 있는 대기 과학자들을 소집하는 것이었고, 그는 더 상세하고 풍부한 모델을 얻기 위해 두 명의 기후 모델 제작자를 초빙했다. 뉴욕 컬럼비아대학교 고다르 우주 연구소

소속 제임스 핸슨과 프린스턴대학교 지구 물리 유체역학 연구소의 마나베 슈쿠로였다.

과학자들은 대기 과학의 원리를 검토하고 한센과 마나베에게 전화를 걸어 의견을 교환했다. 그렇게 나온 두 개의 모델은 각각 조금씩 다른 형태로 미래를 경고했고, 차니 팀은 결국 그 차이를 그대로 놓아두기로 했다. 그들이 자신 있게 말할 수 있다고 느꼈던 것은 지구가 다음 세기에는 약 3도를 기준으로 50퍼센트 안팎까지 기온이 오를 거라는 사실이었다. 즉 1.5도에서 4도 사이의 기온 상승을 겪게 된다는 이야기였다. 1979년 11월에 보고서가 공개되자 과학 잡지들은 다음과 같이 선언했다. "이 암울한 예측에는 어떤 오류도 없다."

1970년대 중반, 세계 최대의 석유 기업 엑손Exxon은 기후 변화가 정치적 의제가 되어 그들의 사업에 훼방을 놓게 될지 궁금했다. 그들이 궁금증을 품게 된 것은 키신저의 언급 때문일 수도, 혹은 슈나이더의 〈투나잇 쇼〉 출연 때문일 수도 있었다. 아니면 과학자들이 기후 변화가 우리에게 해를 입히기 시작하게 될 시기라고 지목한 2000년이 그리 멀지 않아 보여서일 수도 있었다.

1977년 여름, 엑손의 최고 과학 자문 중 한 명인 제임스 블랙이 회사의 고위직 임원들에게 온실 효과를 설명하는 시간을 가졌다. 이는 기후 변화가 큰 문제라는 걸 의미했다. 그 정도 수준의 임원들은 손익 계산에 영향을 끼칠 문제에 대해서만 알려고 하기 때문이다. 같은 해, 엑손은 에드워드 데이비드 주니어를 사내 연구소의 수장으로 고용했다. 데이비드 주니어는 닉슨 대통령의 고문으로 일하는 동안 기후 변화에 대해 알게 되었다. 데이비드의 지휘하에 엑손은 이산화탄소에 대한 소규모 연구 조사에 착수했다. 여기서 '소규모'라는 건 엑손의 기준에서 볼 때 그렇다는 것이다. 1년 연구비 100만 달러, 12억 원은 꽤 큰 액수였지만, 이 회사가 연구비로 1년에 대략 3억 달러, 우리 돈 3600억 원을 지출한다는 사실을 감안하면 그리 많다고는 할 수 없다.

1978년 12월, 엑손의 이산화탄소 연구를 주도하던 과학자 헨리 쇼는 데이비드에게 편지를 보내 "신뢰할 만한 과학 연구팀을 조직해야 한다"면서, 이 팀은 주제와 관련된 과학적 사항을 비판적으로 평가할 수 있어야 하고 "만약 안 좋은 소식이 있다면 그 소식을 회사에 전할 수 있는" 팀이어야 한다고 썼다.

엑손은 해양 탐사를 위해 맞춤 제작한 기구를 회사에서 가장 큰 유조선에 장착했다. 회사는 이번 조사가 진지하게 받아들여지길 원했고, 그래서 주요 과학자들이 승선하길 바랐으며, 학자들의 과학적 자유를 기꺼이 보장했다. 이 과학자들이 해양학자 다카하시 타로와 같이 수행한 연구 결과 중 일부는 먼 훗날인 2009년에 발표된, 인간 활동에서 생겨나는 이 산화탄소 중 20퍼센트만이 바다로 흡수된다는 결론의 논문에 활용될 것이었다. 이 연구로 다카하시는 UN에서 수여하는 지구환경대상을 받았다.

1982년 10월, 데이비드는 엑손이 자금을 댄 지구 온난화 콘퍼런스에서 이렇게 말했다. "세계가 화석 연료에 대한 의존에서 벗어나 이산화탄소 누적 문제를 일으키지 않는, 재생 가능한 자원을 혼합하는 방향의 에너지 전환에 돌입했다는 것을 믿지 않는 사람은 거의 없습니다."

그의 말에 따르면 유일한 문제는 이 전환이 얼마나 빨리 일어나느냐 하는 것이었다. 그는 아마도 엑손이 탄소 제로 연료를 향한 혁신을 이끌 것이고, 그 중심에는 자신이 수장인 R&D 연구소가 있을 것이라고 예상했다. 어쩌면 이러한 도전의 상당 부분이 실제로는 충분히 이해되지 못한 상태였는지도 모른다. 어느 쪽이건 간에, 1980년대 중반에 이르는 동안 이산화탄소 연구는 크게 줄어들었다.

진화한 기후 변화 회의론

1980년 11월, 로널드 레이건은 대통령에 당선되고 나서 변호사 제임스 G. 와트를 내무부 장관에 지명했다. 와트는 공공 토지를 시추와 채굴에 개방해야 한다며 싸웠던 법률 사무소를 이끌던 인물이었다. 그는 자연 보존을 정책으로도 신념으로도 싫어하는 것으로 악명 높았다. 그는 또한 환경 보호주의를 "내가 믿는 형태의 정부를 전복시키고자 열과 성을 다하는 좌익 컬트 종교"라 말한 일화로도 유명했다. 전미 석탄협회 회장은 이 인사 지명을 두고 "정신이 나가도록 기쁘다."고 밝혔고, 기업 로비스트들은 이런 농담을 하기 시작했다. "100만 명의 환경 보호주의자를 멈추려면 전력이 얼마나 필요한지 알아? 1와트야."

와트는 사람들이 처음 우려했던 것처럼 환경보호국을 폐쇄하지는 않았다. 하지만 규제 반대자로 알려진 앤 고르서치를 국장으로 임명했고, 그녀는 보호국 예산의 4분의 1을 삭감했다. 환경 운동 진영의 포메런스와 동료들은 할 일이 많아졌다. 그들에게는 기후 변화라는 장기간에 걸친, 여전히 추상적인 문제를 계속해서 다룰 수 있는 남은 시간이 그리 많지 않았다. 대중들이 기후 행동에 나서는 모습을 포메런스가 보기까지는 여전히 시간이 더 걸릴 것 같았다.

1980년 11월 대선 직전, 미국 국립과학아카데미NAS는 차니 보고서의 후속 조치를 위해 이산화탄소 평가 위원회를 막 출범시킨 참이었다. 위원회 의장은 빌 니렌버그로, 그는 헬무트 란츠베르크와 마찬가지로 전쟁과 전후 과학 투자 붐을 모두 겪은 과학자였다. 그는 조용히 정부 및 군대와 함께 일했다. 심지어 이아손 멤버이기도 했다. 그는 베트남 전쟁을 격렬하게 옹호했으며, 그로 인해 몇몇 동료와 사이가 멀어지기도 했다. 그는 1960년대 말, 대학 캠퍼스 내에서 벌어진 좌익 저항 운동과 그 저항 운동에 영감을 받은 사람들이 군대의 지원을 받는 과학에 반발하는 것에도 가차 없는 태도를 유지했다. 그는 환경 운동도 혐오했는데, 그가 보기에 환경 운동은 19세기 영국 산업혁명 당시 기계를 파괴하는 운동이었던 '러다이트'를 실천하는 무리와 다를 바 없었으며, 특히 원자력 관련 이슈에서는 더욱 그랬다. 여러 면에서 볼 때, 그는 새로운 대통령인 레이건에게 보고할 재검토 작업을 이끄는 데 더할 나위 없이 완벽한 사람으로 보였다.

니렌버그는 경제와 과학을 혼합해 보고서를 작성하기로 했다. 이론적으로 이 작업은 매우 뛰어난 것이었다. 하지만 실제 출간된 보고서에서 이 두 분야는 조화를 이루지 못했다. 보고서의 필자들은 같이 일하지 않았다. 그들은 과학 분야와 경제 분야를 각자 따로 쓰도록 배정받았다. 그러다 보니 보고서는 전혀 다른 두 가지 관점으로 서술되었다. 과학자들이 쓴 다섯 장章은 지구 온난화가 무척 중요한 문제라는 사실에 동의하고 있다. 경제학자들이 쓴 두 장에서는 지구 온난화가 끼칠 물리적 영향에는 여전히 불확실성이 존재하고, 특히 2000년 이후 지구 온난화가 경제적으로 어떤 역할을 하게 될지는 더 큰 불확실성이 존재한다는 논조에 초점을 맞췄다. 더군다나 보고서의 틀을 잡은 것은 경제학자들이 쓴 첫 번째 장과 마지막 장에 제시된 관점이었는데, 그들의 분석이 보고서의 전체 메시지를 지배했다. 니렌버그는 일단 두고 보자는 생각이었다. 그는 보고서의 도입부에서 이 문제에 대한 특별한 해결책은 전혀 없지만, 그렇다고 우리가 이 문제를 회피할 수도 없다고 주장하며 이처럼 말했다. "우리는 그저 기후 변화로 인해 펼쳐질 우여곡절에 효과적으로 대처할 수 있는 법을 배워야 한다."

기후 변화 회의론에 관한 책《의혹을 팝니다Merchants of Doubt》에서, 나오미 오레스케스와 에릭 콘웨이는 NAS의 기록보관소에서 니렌버그의 보고서에 대한 동료 학자들의 평가를 샅샅이 뒤져 찾아냈다. 리뷰를 썼던 앨빈 와인버그는 1970년대 이후로 점점 더 기후 변화를 크게 걱정해 온 물리학자였는데, 그는 이 보고서에 큰 인상을 받지 못했다. 사실 니렌버그가 취한 입장에 소름 끼쳐 했다고 말하는 편이 더 정확할지 모르겠다. 보고서에는 사람들이 이동하면서 상황에 적응해야 하지 않겠느냐고 제안하는 대목이 나온다. 과거에도 사람들은 기후 변화 때문에 이주를 했으니 또 그렇게 될 수도 있지 않겠느냐는 것이었다. 보고서에는 이렇게 적혀 있었다. "사람들이 그토록 적응력이 뛰어나다는 사실은 굉장한 일이다."

와인버그는 이에 대해 가차 없이 말했다. "이 위원회 사람들은 정말로 미국이나 서유럽, 캐나다가 강우 패턴이 엄청나게 바뀌어 고통받게 된 가난한 나라로부터 이민자가 밀려 쏟아져 들어오면 받아 줄 거라고 믿는 걸까?" 오레스케스와 콘웨이는 다른 리뷰들을 더 살펴보고는 다른 필자들이 좀 더 예의 바르기는 했어도 와인버그만 부정적인 반응을 보인 건 아니라고 말했다. 그들은 어째서 이런 비판에 아무런 반응이 없었는지 혼란스러웠는데, 나중에 한 원로 과학자가 다음과 같이 설명해 주었다. "그 당시는 학문적 검토가 지금보다 훨씬 느슨했죠."

너새니얼 리치가 책에도 썼듯, 보고서는 1983년 10월 NAS에 있는 성당 모양의 대강당에서 열린 정례 행사 때 처음 공개되었다. 피바디 석탄, 제너럴 모터스와 엑손 모두 초대 목록에 올라 있었다. 포메런스는 어찌어찌 기자 회견장에 끼어 들어갈 수 있었다. 백악관은 아카데미 측에 브리핑하면서, 자기들은 추측성이나 불필요한 우려를 자아내거나 '늑대가 온다며 소리치는' 양치기 소년 같은 시나리오는 승인하지 않는다고 애초에 분명히 못을 박아 두었다. 백악관은 기술이 답을 찾게 될 것으로 생각하고, 연구 기금을 모으며 앞으로 무슨 일이 일어나는지 지켜보는 것 이상의 행동은 기대하지 않는다고 아카데미 측에 밝혔다.

NAS는 이 사람들이 앞으로 몇 년 동안 책임자의 자리에 있게 되리라는 걸 알았고, 그래서 백악관이 원하는 것 중 자신들이 찾아낼 수 있는 가장 과학적인 관점을 제공하는 것이 최선의 아이디어라고 판단했을 것이다. 혹은 그저 니렌버그가 그렇게 믿었을 뿐인지도 모르겠다. 어느 쪽이건 간에 지금의 관점에서 보자면 그것은 크나큰 실수였다.

보고서는 솔직하게 서두를 뗀다. "우리의 입장은 보수적입니다. 우리는 조심할 이유는 있지만 겁먹을 이유는 없다고 믿습니다." 1957년 최초로 의회에서 기후 위기를 브리핑했던 과학자 로저 레벨이 기자 회견에서 발언했다. 리치의 회상에 따르면 그는 기자들에게 이렇게 말했다. "지금 노란불은 켜져 있지만, 빨간불 상태는 아닙니다." 그러고는 덧붙였다. "어떻게 봐도 전적인 재앙은 아닙니다. 그냥 변화인 거죠." 《월스트리트저널》은 다음과 같은 기사를 썼다. "최고의 과학자들로 구성된 패널이 지구 기온 상승이라는 널리 알려진 문제를 걱정하는 이들에게 다음과 같이 조언하고 있다. 극복할 수 있는 문제라고."

이 모든 과정에서 활동가들은 어디에 있었을까? 포메런스와 같은 활동가들이 간절히 바랐던, 기후 변화에 대응하는 거대한 대중적 운동은 어디 있었을까? 주류 비정부 기구뿐 아니라, 한층 급진적인 단체에서도 환경 운동은 붐을 이루고 있었다. 하지만 그들은 다른 환경 이슈, 이를테면 고래나 열대 우림을 구하고 도로 건설을 막는 투쟁 등에 더 집중하는 경향을 보였다. 2000년대가 되어서야 우리는 기후 변화에 특화한 그룹이 부상하고 또 기후 문제가 대형 비정부 기구의 포트폴리오를 장악하는 모습을 목격하게 되었다.

진정한 최초의 운동가, 활동적이고 명시적인 기후 변화 운동가는 오히려 회의론자들이었다. 기후 변화 회의론은 기후 과학만큼이나 오래된 것으로, 초기에는 정말로 합리적인 태도를 취했다. 뭔가 새로운 것이 제시될 때 과학자들이 미심쩍게 눈썹을 치켜올리는 건 정상적인 일이다. 석유 산업은 이 자연 과학적 회의론을 받아들이고 유리하게 써먹었다.

하지만 1980년대에 접어들어 온실 효과에 대한 의견 일치가 확고해지면서 회의론은 사라지기 시작했다. 그러자 이에 대한 의문을 부풀리고 확장하면서 기후 변화에 관한 경고를 묵살하고, 사람들이 이 문제에 관심을 끄도록 회의론을 조장하는 조직적이고 치밀한 책동이 등장했다.

그건 과학이 아니었다. 설사 과학자를 이용한다 해도 과학은 아니었다. 그것은 '홍보'였다. 그게 꼭 가짜 과학을 창조해야 한다는 뜻은 아니었다. 물론 그것도 통할 수는 있었겠지만, 어느 정도까지만 가능했을 것이다. 사람들은 진짜 과학자에게 자금을 대겠지만 바로 그런 방법으로 메시지를 혼란스럽고 흐릿하게 얼버무릴 수 있었다. 그들은 1940년대에도 대기 오염을 가지고 이런 방법을 써먹은 바 있고, 그들이 고용한 홍보 회사들은 담배와 암의 연관 관계에 대한 문제로 싸움을 벌이는 와중에 몇 가지 교묘한 수법을 발견해 냈다.

주요 석유 회사의 최고 경영자들은 회합을 열고 기후 정책에 대응할 수 있는 기금을 모으기로 합의했다. 우선은 10만 달러였지만, 이후 더 늘어날 것이었다. 상당히 합법적으로 들리는 '세계 기후 연합'이라는 이름의 단체도 설립했다. 얼마 지나지 않아 이런 종류의 단체가 급증하기 시작했다. '환경 정보 위원회', '냉정한 이성 협회', '세계 기후 정보 프로젝트', 그리고 점차 과학 냄새를 풍기며 회의론을 설파하는 목소리들이 불어났다. 빌 니렌버그는 거기서 특히 많이 모셔 가는 사람이었다. 기후 변화 논의를 미루려는 사람들은 과학적 논쟁과 정치적 논쟁에 참여하는 것이 최고의 전략이라는 사실을 잘 알았다. 불확실성을 밀어붙이고, 규제에 의문을 제기할 수 있는 최적의 장소가 바로 그런 논쟁의 장이었다. 석유 연료 회사와 그들을 옹호하는 자들은 가끔 '반反과학'의 탈을 쓰기도 했다. 사실 그들은 늘 과학에 대해 이야기한다. 언제나 그래 왔다. 다만 어떤 부분을 취하여 써먹을 것이냐에 대해 전략상 다를 뿐이다.

무엇이 행동하게 하는가

기후 위기의 역사에 대해 쓰는 동안 가장 힘든 부분은 1950년대부터 1970년대 사이에 이미 나왔던 경고들과 마주하는 것이었다. 그 경고들은 만약 아무도 화석 연료에 대해 조치를 취하지 않는다면, 2000년 이후에는 상황이 정말로 나빠질지 모른다고 분명하게 말해 주고 있었다. 당시 그 경고를 보낸 이들은 희망을 품고 있었지만, 이제 와 그 희망을 다시 읽다 보면 마음이 아프다.

우리는 지금 조상들이 꿈꾸던 악몽을 살아가고 있다. 하지만 그렇지 않을 수도 있었다. 만약 우리가 이에 대한 비난의 몫을 나누려 한다면, 교묘하게 의심을 심은 자들이 맨 앞줄에 서 있어야 할 것이다. 하지만 몇 세기에 걸쳐 형성된 과학 연구 문화도 충분히 들여다볼 가치가 있으며, 그중 일부는 업데이트가 되면 좋을 것이다. 의심을 퍼뜨리는 자들은 나름의 목적으로 과학에 긍정적인 힘을 보태기도 하나, 세대 갈등을 악화시키고 극적인 것을 회피하는 과학 공동체의 성향을 악용했으며, 누가 합법적인 정치적 파트너이고(이를테면 정부) 누가 그렇지 않은지(이를테면 활동가들)에 대한 관념을 조종하는 등 온갖 수단을 동원했다.

기후 변화를 연구하는 과학자들은 지금껏 믿을 수 없을 정도로 어려운 처지에 놓여 왔다. 과학계에서 논쟁의 여지가 많은 학문 분야를 공공의 영역에 옮겨 놓았을 때 일어나게 될 여러 난관과 변화를 생각할 수 있는 시간과 충분한 예산이 전문가 즉, 과학자들에게 주어졌어야 했다. 정부로부터의 지원도 있었어야 했지만, 그들을 도울 수 있는 과학 공동체 내부의 게이트 키퍼도 필요했다. 하지만 외려 이 과학자 중 상당수는 동료들에게 비웃음을 샀다. 말도 안 되는 소리지만 미디어에 출연하거나 감정을 드러냈다는 이유로 말이다.

21세기의 시민으로서 우리는 엄청난 규모의 혼란을 상속받았다. 하지만 또한 우리를 도울 수 있고 다른 이들을 살아남게 해줄 많은 도구도 물려받았다. 이 도구 중 가장 빛나는 별은 현대 기후 과학이다. 그 별을 따라 태양 전지, 열펌프, 정책 시스템과 활동가 단체가 반짝거린다. 우리 조상들이 공기를 보면서 그게 서로 다른 화학 물질들, 다시 말해 들이쉬거나 내쉬는, 불을 붙이거나 높이 올라갈 수 있는, 수 세기 동안 화학 연료를 태운 끝에 지구에 온난화 효과를 야기할 수 있는 화학 물질들의 집합체가 아니라 그저 엷은 공기일 뿐이라고 생각했던 게 그리 오래전의 일이 아니다.

기후 변화라는 두려움에 사로잡힐 때, 우리에게는 행동에 나설 기회를 주는 지식이 있음을 기억해야 한다. 그렇지 않다면 우리는 자리에 앉은 채 태평하게 이런 생각을 하고 있을 지도 모를 테니 말이다. "오늘도 또 날씨가 좀 이상하네."

주

1 _ 여러 가지 색실로 그림을 짜 넣은 직물이다. 주로 벽걸이, 가리개 등의 실내 장식품으로 쓰인다.

2 _ 이 글은 2020년 4월 작성됐다. 2020년 12월 남극에서도 코로나19 확진자가 발생했다.

3 _ 어떠한 예측이 제시되면 사람들이 그러한 예측을 염두에 두고 행동하면서 예측이 실현되는 현상.

4 _ 크릴새우는 이산화탄소를 흡수하는 역할을 한다.

5 _ 테니엔테 로돌포 마시 마틴(Teniente Rodolfo Marsh Martin, TNM) 공항

북저널리즘 인사이드   예고되지 않은
                         재난은 없다

1931년 미국의 한 보험 회사에서 일하던 허버트 윌리엄 하인리히는 《산업재해 예방 : 과학적 접근Industrial Accident Prevention: A Scientific Approach》이라는 제목의 책을 썼다. 업무상 7만 건 이상의 산업 재해를 분석했던 그는 재해 발생과 관련해 스스로 발견한 통계적 법칙을 책에서 설명했다. 큰 재난과 작은 재해 그리고 사소한 사고는 1:29:300의 법칙의 비율로 발생한다는 것이다.

'하인리히 법칙' 혹은 '1:29:300의 법칙'이라 불리는 이 법칙은 300번의 경미한 사고를 방치하면 29번의 작은 재해가 발생하고, 이마저 통제하지 않았을 때 한 번의 대형 재난을 초래하게 된다고 해석할 수 있다. 하인리히에 따르면 재난은 어느 날 갑자기 발생하는 것이 아니라 수차례 예고된다. 오늘날 이 법칙은 산업 현장에서의 재해뿐만 아니라 개인적, 사회적, 경제적 위기에도 널리 인용된다.

목전으로 다가온 기후 재앙도 이 법칙의 예외는 아니다. 지난해 안토니우 구테흐스 UN 사무총장은 "지구 온도가 산업화 이전 대비 2.7도 상승하는 '재앙의 길'에 놓였다."라고 말했다. 유례없는 폭염과 홍수, 해수면 상승과 대형 산불 그리고 3년 차에 접어든 코로나19 판데믹은 인류세 시대의 기후 대재앙을 경고하는 전조일지 모른다. 그렇다면 오늘의 기후 재난을 암시하는 위기의 현상은 무엇이었을까.

《지구에 대한 의무 II》는 산업화 이후 지구가 우리에게 끊임없이 보냈던 재난의 징후를 세밀히 다룬다. 줄어드는 목초지와 작물의 흉작, 남극이 매년 만들어 내는 빙하가 녹는 소리, 메마른 토지와 범람하는 강과 유실되는 토양, '여섯 번째 멸종' 수준으로 빠르게 사라지는 수천 이상의 생물종 등이다.

북저널리즘이 앞서 펴낸 첫 번째 《지구에 대한 의무》에서는 플라스틱, 팜오일, 에어컨, 콘크리트 등 더 나은 생활을 위한 인류의 노력이 어떻게 우리 삶의 터전을 망가뜨렸는지 살폈다. 이번 책은 지금 지구에 무슨 일이 일어나고 있는 지, 이러한 현상으로 예상되는 재난은 어떤 모습일지를 상상하게 한다.

재앙의 위기가 우리를 엄습할 때, 막연한 두려움 혹은 무력감 대신 지혜로운 행동으로 무장하자. 지금 우리가 충실히 다해야 할 두 번째 지구에 대한 의무는 이 행성이 끊임없이 발신하는 재난의 징후를 제대로 마주해 아는 것이다.

전찬우 에디터